Hermann Witter

Unterschiedliche Perspektiven in der allgemeinen und in der forensischen Psychiatrie

Eine kleine Methodenlehre
für Juristen, psychologisch-psychiatrische Sachverständige
und interessierte Laien

Springer-Verlag Berlin Heidelberg New York
London Paris Tokyo Hong Kong

Professor Dr. med. HERMANN WITTER
Alleestraße 26, 6650 Homburg-Sanddorf/Saar
Bundesrepublik Deutschland

ISBN-13: 978-3-540-51796-2   e-ISBN-13: 978-3-642-75162-2
DOI: 10.1007/ 978-3-642-75162-2

CIP-Titelaufnahme der Deutschen Bibliothek.
Witter, Hermann:
Unterschiedliche Perspektiven in der allgemeinen und forensischen Psychiatrie :
eine kleine Methodenlehre für Juristen, psychologisch-psychiatrische Sachverständige und
interessierte Laien / Hermann Witter.
– Berlin ; Heidelberg ; New York ; London ; Paris ; Tokyo ; Hong Kong : Springer, 1990

Dieses Werk ist urheberrechtlich geschützt. Die dadurch begründeten Rechte, insbesondere die der Übersetzung, des Nachdrucks, des Vortrags, der Entnahme von Abbildungen und Tabellen, der Funksendung, der Mikroverfilmung oder der Vervielfältigung auf anderen Wegen und der Speicherung in Datenverarbeitungsanlagen, bleiben, auch bei nur auszugsweiser Verwertung, vorbehalten. Eine Vervielfältigung dieses Werkes oder von Teilen dieses Werkes ist auch im Einzelfall nur in den Grenzen der gesetzlichen Bestimmungen des Urheberrechtsgesetzes der Bundesrepublik Deutschland vom 9. September 1965 in der Fassung vom 24. Juni 1985 zulässig. Sie ist grundsätzlich vergütungspflichtig. Zuwiderhandlungen unterliegen den Strafbestimmungen des Urheberrechtsgesetzes.

© Springer-Verlag Berlin Heidelberg 1990

Die Wiedergabe von Gebrauchsnamen, Handelsnamen, Warenbezeichnungen usw. in diesem Werk berechtigt auch ohne besondere Kennzeichnung nicht zu der Annahme, daß solche Namen im Sinne der Warenzeichen- und Markenschutz-Gesetzgebung als frei zu betrachten wären und daher von jedermann benutzt werden dürften.
Produkthaftung: Für Angaben über Dosierungsanweisungen und Appliktionsformen kann vom Verlag keine Gewähr übernommen werden. Derartige Angaben müssen vom jeweiligen Anwender im Einzelfall anhand anderer Literaturstellen auf ihre Richtigkeit überprüft werden.

Satz: EDV-Bereatung K. Mathes, Heidelberg

Über den Autor

Von der 50jährigen Berufstätigkeit des Autors, der 1916 geboren ist, entfielen rund 10 % auf die allgemeine Medizin, 40 % auf die Neurologie und allgemeine Psychiatrie und 50 % auf die forensische Psychiatrie. Kriegsbedingte Dienstverpflichtungen als praktischer Arzt, Truppenarzt und Amtsarzt gingen der erstrebten nervenärztlichen Tätigkeit voran. Nach 20 Jahren neurologisch-psychiatrischer Kliniktätigkeit lehnte er eine Berufung als Direktor einer Universitätsklinik ab, um sich ganz der forensischen Psychiatrie widmen zu können. Von 1966 bis zur Emeritierung war er ordentlicher Professor der medizinischen und in der juristischen Fakultät. In der philosophischen Fakultät war er Lehr- und Prüfungsbeauftragter für das Fach Psychologie.

Der Autor sagt von sich: Trotz meiner Vorliebe für Fragen der Methodologie blieb ich bei meiner gesamten Berufstätigkeit in erster Linie ein Praktiker. Als forensischer Gutachter habe ich sehr viele Straffällige aller Kategorien kennengelernt und ihren Lebensweg in und außerhalb der Haft verfolgt, bei einigen über Jahrzehnte hinweg. Den Gerichten versuchte ich bei der Findung rechtlich angemessener und praktisch brauchbarer Entscheidungen behilflich zu sein. Der Einsatz eines abgewogenen Gutdünkens ist gut und notwendig, aber er genügt nicht. Die Anfälligkeit der Gutachter und Richter für ideologische Vorurteile und das Bestreben, diese auch durchzusetzen, habe ich eindrucksvoll erlebt. Gerade diese Erfahrungen der Praxis haben mir immer wieder gezeigt, daß die theoretische Fundierung in einer klaren Methodologie der beste Schutz gegen grobe Fehlleistungen ist. Wissenschaftliche Systematik ist nicht etwa nur eine am Schreibtisch ausgedachte Liebhaberei, sie wird in der Praxis dringend gebraucht.

So war es ein Anliegen des Autors, mit einer leicht verständlichen Darstellung in die Grundprobleme dieser Methodologie einzuführen und dadurch das Verständnis für die Notwendigkeit ihrer Beachtung bei der Tätigkeit des psychologisch-psychiatrischen Sachverständigen in der Gerichtspraxis zu fördern.

Inhaltsverzeichnis

Einführung 1

1 Die Sonderstellung der Psychiatrie im Rahmen
  der Medizin 4

2 Unterschiede der allgemeinen und der forensischen
  Psychiatrie 9

3 Perspektiven der Psychiatrie (ca. 1800–1975) 16

4 Perspektiven der Psychiatrie in der Gegenwart 31

4.1 Veränderte juristisch-psychiatrische Aspekte 31
4.2 Veränderungen in der Psychiatrie 34
4.3 ICD-9 37
4.4 DSM III 42
4.5 Operationale Methoden in der forensischen
    Psychiatrie 45

5 Die psychopathologische Problemlösung
  der forensischen Psychiatrie 52

5.1 Verantwortungsfähigkeit und Realitätsbezug 52
5.2 Strukturale Psychopathologie 57

6 Zusammenfassung und Ausblick 72

Einführung

Im Mai 1948 hielt Kurt Schneider einen Vortrag für Juristen: „Die Beurteilung der Zurechnungsfähigkeit", der in der Folgezeit als eine nur 35 Seiten umfassende Schrift erschien, die bis 1961 vier Auflagen erreichte und eine außerordentliche Wirkung entfaltete. Schneider verstand es in einer einfachen, klaren, dem Verständnis von jedermann zugänglichen Sprache darzulegen, wie der psychiatrische Sachverständige „redlich und sauber zur Findung eines innerhalb menschlicher Möglichkeiten wenigstens annähernd gerechten Urteils" beitragen kann. Seine Konzeption läßt sich in 3 kurzen Thesen zusammenfassen: 1) Die Frage, ob ein Mensch auch anders hätte handeln können, als er zu einer bestimmten Zeit tatsächlich gehandelt hat, kann die Wissenschaft nicht beantworten. 2) In der Psychiatrie unterscheiden wir grundsätzlich zwischen „Geisteskrankheiten" und „Variationen". Es sind dies einerseits psychische Abnormitäten, die jeweils auf eine Krankheit und andererseits psychische Abnormitäten, die jeweils auf den Charakter zurückzuführen sind. 3) Diese Differenzierung in der Psychiatrie übertragen wir dergestalt in das Recht, daß wir bei „Geisteskrankheiten" eine Aufhebung der Zurechnungsfähigkeit, bei „Variationen" allenfalls eine Verminderung der Zurechnungsfähigkeit annehmen.

Dieser am „medizinischen Krankheitsbegriff" orientierten Konzeption setzt die Rechtsprechung einen seit 1959 genauer definierten „juristischen Krankheitsbegriff" entgegen: „[...] Unter den Begriff der krankhaften Störung der Geistestätigkeit fallen nicht nur die Geisteskrankheiten im klinisch-psychiatrischen Sinne, sondern alle Arten von Störungen [...], welche die bei einem normalen und geistig reifen Menschen vorhandenen, zur Willensbildung befähigenden Vorstellungen und Gefühle beeinträchtigen."

Beide Konzeptionen, die am „medizinischen" und die am „juristischen" Krankheitsbegriff orientierte, sind in ihrem Kern sehr wohl begründet. Sie sind auch miteinander vereinbar und haben ihre Gültigkeit bis heute unverändert behalten, sofern man sie als *Leitlinien* versteht und nicht einzelne Teilaspekte in dogmatischen Lehrsätzen verabsolutiert. Dies aber ist in der forensischen Diskussion der vergangenen 40 Jahre reichlich geschehen und dauert auch in der Gegenwart noch an.

So hat die am medizinischen Krankheitsbegriff anknüpfende Auffassung, daß allein durch somatische Krankheitsprozesse hervorgerufene psychische Störungen die Zurechnungsfähigkeit ausschließen können, die Bedeutung eines weit verbreiteten (falschen) Lehrsatzes bekommen. Der lediglich indizielle Wert, den die Kenntnis eines der psychischen Störung zugrundeliegenden somatischen Krankheitsprozesses hat, wird verabsolutiert. Es wird übersehen, daß Art und Ausmaß der Störung der Psyche maßgebend sind – wie auch immer ein zugrundeliegend gedachter oder festgestellter körperlicher Befund sein mag. Bliebe der absolute Vorrang des psychischen vor dem körperlichen Befund unberücksichtigt, dann würde die Beurteilung der Zurechnungsfähigkeit vom aktuellen Stand der naturwissenschaftlichen medizinischen Forschung abhängig gemacht und unerträglich eingeengt.

Der juristische Krankheitsbegriff, mit dem man diesem (falschen) Lehrsatz entgegentreten kann, mündet mit der Verabsolutierung der Formel, daß „*alle* Arten von Störungen" in Betracht kommen, in der Auffassung, daß es bei der Beurteilung der Zurechnungsfähigkeit nur noch auf die inhaltlich feststellbare *Quantität* einer (beliebigen) psychischen Normabweichung ankomme. Unter dieser Auffassung bleiben die psychopathologischen Erkenntnisse der Psychiatrie ungenutzt, überindividuelle Kriterien für die Beurteilung der Zurechnungsfähigkeit werden nicht mehr erkennbar. Da schwere Kriminalität praktisch immer mit erheblicher psychischer Normabweichung verbunden ist, wäre als Konsequenz dieser Auffassung dem Schuldstrafrecht der Boden entzogen.

Vermeidet man solche Verabsolutierungen und setzt die medizinischen und juristischen Begriffsbildungen als unterschiedliche Leitlinien für die Beantwortung unterschiedlicher Fragestellungen im jeweils angemessenen Bereich ein, dann wird ihr begrenzter Gültigkeitsbereich deutlich und es lösen sich dadurch die vermeintlichen Widersprüche auf. Mißverständnisse und Fehlleistungen entstehen meist dadurch, daß sich *die eingesetzte Methode nicht nach dem Gegenstand richtet.* So hat die dualistische Methode des somatopsychischen Erklärens psychischer Störungen in der (allgemeinen) „Behandlungspsychiatrie" für den Gegenstand „Therapie" in Theorie und Praxis fundamentale Bedeutung. Demgegenüber kann diese Methode in der (forensischen) „Beurteilungspsychiatrie" für den Gegenstand „Zurechnungsfähigkeit" allenfalls eine Hilfsfunktion haben. Für diesen Gegenstand braucht man vorrangig monistische psychopathologische Methoden. Methodologische Klarheit ist Voraussetzung für befriedigende Lösungen bei allen Problemen der Psychiatrie, insbesondere auch bei der Beurteilung der Zurechnungsfähigkeit, die – jetzt Schuldfähigkeit genannt – das zentrale Problem zwischen Recht und Psychiatrie bleibt.

Die hier vorgelegte kleine Schrift will die Grundlagen der Problemlösungen und Fehlentwicklungen in der forensischen Psychiatrie an Hand einer einfachen psychiatriegeschichtlichen Übersicht so darstellen, daß jeder Interessierte – sei er Jurist, Nervenarzt, Psychologe, Kriminologe – die unterschiedlichen methodologischen Perspektiven und die Folgen ihres Einsatzes in der Psychiatrie kennenlernen kann. Mit dieser Kenntnis wird die eigenständige Urteilsbildung in dem umstrittenen Gebiet der psychologisch-psychiatrischen Beurteilung der strafrechtlichen Schuldfähigkeit erleichtert.

1 Die Sonderstellung der Psychiatrie im Rahmen der Medizin

Die Psychiatrie wird als ein Teilgebiet der Medizin angesehen und in den Organisationsformen des öffentlichen Lebens ist dementsprechend Psychiatrie als Krankenbehandlung, als Lehre und als Forschungsgebiet den Institutionen der Medizin – Ärzteschaft, Krankenhäuser, Universitätskliniken und Institute – zugeordnet. Indessen gibt es doch einen grundsätzlichen Unterschied zwischen der Psychiatrie einerseits und allen anderen Disziplinen der Medizin andererseits. Die Medizin befaßt sich mit den Mängeln, Schäden und Störungen des menschlichen *Körpers* und nur randständig geht sie auch auf die seelischen Störungen des Menschen ein. Die medizinische Forschung und zum ganz überwiegenden Teil auch die Lehre arbeiten dabei als Wissenschaft nach den Grundsätzen der Erkenntnistheorie wie sie unbestritten in der gesamten *Naturwissenschaft* Geltung hat.

Nur dann, wenn das medizinisch-naturwissenschaftliche Wissen über Art und Ursache der körperlichen Beeinträchtigungen bei der ärztlichen Praxis der Krankenbehandlung zur Anwendung kommt, rücken sozusagen sekundär auch die seelischen Beeinträchtigungen ins Blickfeld. Nicht nur die Krankheit, sondern auch der Kranke muß behandelt werden. Der Arzt will nicht nur wissen, welche Krankheit vorliegt, sondern er fragt auch, welche Belastung die Krankheit im subjektiven Erleben des Kranken mit sich bringt, unter Umständen auch welcher „Sinn" ihr in der Lebensgeschichte des Kranken zukommen kann. Aber solche Fragen des Arztes haben in der Medizin als Naturwissenschaft keine Bedeutung, sie gehören zur Ethik und Humanität des ärztlichen Berufs. Soweit sie der wissenschaftlichen Untersuchung zugänglich sind, werden sie in dem eher randständig betrachteten Gebiet der medizinischen Psychologie behandelt. Auch bei den in der medizinischen Psychologie behandelten Fragen des subjektiven Erlebens des Krankseins, des Arzt Patient-Verhältnisses u. a. werden nur die leichten, psychologisch verständlichen seelischen Störungen berücksichtigt. Die schweren seelischen Störungen der geistigen Krankheiten bleiben ausgeklammert und werden in den Zuständigkeitsbereich der Psychiatrie verwiesen.

In der Psychiatrie sind alle leichten und schweren seelischen Störungen und Krankheiten des Menschen nicht nur in der Krankenbehandlung, sondern auch in der Lehre und Forschung das primäre Ziel aller Bemühungen. Die normabweichenden Körperbefunde werden zwar auch in der Psychiatrie als höchst wichtig angesehen, denn man erhofft sich von diesen eine naturwissenschaftlich-kausale Erklärung für das Auftreten und Erscheinungsbild der seelischen Beeinträchtigungen. Gelingt diese Erklärung, dann ist Psychiatrie Medizin. Aber sie gelingt bisher nur in etwa 20 % der psychiatrischen Behandlungsfälle, und so bleibt die Psychiatrie in etwa 80 % ihres Tätigkeitsbereichs auf Methoden angewiesen, die nicht oder allenfalls teilweise an den Kriterien der naturwissenschaftlichen Arbeitsweise ausgerichtet werden können. Die erkenntnistheoretischen Grundlagen für die Theorie und Praxis der Psychiatrie müssen deshalb überwiegend im *geisteswissenschaftlichen Bereich* gesucht und gefunden werden.

Nun gab und gibt es Autoren, die die Sonderstellung der Psychiatrie in der Medizin als ein nur vorläufiges, später oder früher durch die medizinisch-naturwissenschaftliche Forschung überwindbares Problem ansehen – dann nämlich, wenn die körperlich-ursächliche Erklärung der seelischen Beeinträchtigungen 80, 90 oder gar 100 % erreicht haben wird. Die Hoffnung auf einen ständig wachsenden Fortschritt bei der medizinischen Klärung der körperlichen Ursachen seelischer Beeinträchtigungen ist durchaus berechtigt, und eine dementsprechend ausgerichtete Forschung muß auch ein vorrangiges Ziel der Psychiatrie bleiben. Auch wenn diese „Erklärung" seelischer Erscheinungen sich durch ein „Dunkelfeld" bewegt und lediglich durch die Parallelität zwischen körperlicher Beeinflussung und seelischer Folgeerscheinung auf eine regelhafte Körper-Seele-Beziehung schließen läßt, ist dieser Erkenntnisgewinn von höchster praktischer Bedeutung. Man braucht nur einen Blick auf die Erfolge der Somatotherapie der Psychosen in den letzten 3 Jahrzehnten zu werfen, um sich dies zu veranschaulichen.

Die Erwartung, *alle* seelischen Beeinträchtigungen irgendwann durch normabweichende Körperbefunde erklären und verstehen zu können, ist allerdings eine materialistische Utopie. Die Erfüllung einer solchen Erwartung wird nicht nur in Hinblick auf die tatsächlichen Möglichkeiten und Grenzen der naturwissenschaftlichen Forschung in unabsehbare Ferne gerückt, es ist das unlösbare sog. „Leib-Seele-Problem", die nicht zu beseitigende Diskontinuität zwischen den körperlichen und seelischen Erscheinungen, welche wir vorstehend „Dunkelfeld" genannt haben, die diese Erwartung zur Utopie macht. Dies sei an einem Beispiel erläutert:

Ob ich die Lähmung einer Hand auf eine Verletzung peripherer Nerven (z. B. nach einem Motorradunfall), auf eine Erkrankung der Zellen im Vorderhorn des Rückenmarks (z. B. nach einer Poliomyelitis), auf eine zerebrale Ischämie oder Hämorrhagie in der inneren Kapsel (z. B. nach einem Schlaganfall) oder auf einen Krankheitsherd in der vorderen Zentralwindung (z. B. bei einem Hirntumor) zurückführe – in jedem Falle folgt die Erklärung der Handlähmung den gleichen naturwissenschaftlichen Gesetzlichkeiten. Auch wenn ich die Untersuchung von den groben makroskopischen Veränderungen des Gewebes bis zu den mikroskopischen Veränderungen der Zelle und von dort bis zu den nur noch physikochemisch nachweisbaren Veränderungen der Zellsubstanzen fortsetze, läßt sich die logisch-kausale Verknüpfung der Erscheinungen von der höchsten bis in die tiefste Ebene kontinuierlich ohne jeden Bruch fortsetzen. – Wenn die Handlähmung aber Ausdruck einer seelischen Störung ist und man deshalb z. B. von einer psychogenen oder hysterischen Handlähmung spricht, dann läßt sich kein normabweichender körperlicher Befund feststellen und man findet demnach keine „medizinische" Erklärung. Das Fehlen der medizinischen Erklärbarkeit führt uns zu der Vermutung, daß die Handlähmung „nur" psychisch verursacht ist.

Unterstellen wir nun einmal, daß es durch noch in ferner Zukunft liegende Fortschritte der naturwissenschaftlich-medizinischen Forschung doch einmal gelingen wird, regelhafte Unterschiede der physikochemischen Beschaffenheit eines möglicherweise zuständigen Nerven- oder Hirngewebes bei der psychogenen Handlähmung einerseits und bei nicht gelähmter Hand andererseits nachzuweisen, dann bliebe immer noch die Frage offen, was Ursache und was Wirkung ist. Bewirkt die physikochemische Gewebsveränderung die sich in der Handlähmung zeigende seelische Störung oder umgekehrt die seelische Störung den abweichenden physikochemischen Befund? Aber lassen wir dieses Problem einmal ganz beiseite, ob man die Vermutung einer somatopsychischen oder einer psychosomatischen Kausalverknüpfung bevorzugen will: Es bleibt auf jeden Fall zwischen dem physikochemischen Befund und der seelischen Störung ein Bruch, eine „Diskontinuität", denn die Kenntnis der veränderten Natrium- oder Kaliumwerte oder der veränderten Durchlässigkeit der Zellmembranen trägt nichts zur Erklärung der die Handlähmung bedingenden seelischen Störung bei. „Erklärung" ist hier nur noch als „Verständnis" möglich. Dieses kann bei der „nur" psychisch bedingten Handlähmung nur durch die psychologische Methode des Verstehens erreicht werden. Zum Verständnis der Lähmung fragen wir nach ihrem Sinn und Zweck in der Lebensgeschichte des Kranken. Der Kranke ist nicht mehr nur „Objekt" materieller Vorgänge, er tritt als ein spontan tätiges „Subjekt" in Erscheinung, das mit den Mitteln der naturwissenschaftlichen Kausalität nur noch partiell erfaßt werden kann.

Um es kurz zusammenzufassen:

Für das seelische Leben wissen wir zwar, daß ein neuronal und synaptisch intaktes Nervensystem erforderlich ist und daß Veränderungen in diesem System seelische Störungen verursachen können. Darüber, wie dies geschieht, wie die Beziehungen zwischen dem Molekül und dem seelischen Leben hergestellt werden, wissen wir nichts. Ein synthetischer Weg vom Molekül aufwärts zum Gedanken und ein reduktionistischer Weg vom Gedanken abwärts zum Molekül treffen sich nicht; bildlich gesprochen klafft dazwischen ein Abgrund, es bleibt eine Diskontinuität. Die Erklärung des Zustandekommens seelischer Störungen als Folge körperlicher Veränderungen beschränkt sich deshalb auf die Beobachtung der Parallelität ihres Auftretens. Fragen wir nach den *psychischen* Ursachen seelischer Störungen, vielleicht auch nach ihrem „Sinn", dann werden wir auf außerhalb der naturwissenschaftlichen Kausalität liegende geisteswissenschaftliche Methoden der Psychologie und Soziologie verwiesen. Grundprobleme der philosophischen Erkenntnistheorie gewinnen dadurch in der Psychiatrie – im Gegensatz zu den anderen Disziplinen der Medizin – eine maßgebliche Bedeutung. Ein methodologisches Bewußtsein, das die Möglichkeit und Grenzen von verschiedenen Methoden bei verschiedenen Fragestellungen stets im Auge behält, ist deshalb in der Psychiatrie unverzichtbar.

2 Unterschiede der allgemeinen und der forensischen Psychiatrie

Die gerichtliche Psychiatrie galt vor 100 Jahren als die „hohe Schule" der Psychiatrie. Schon 1875 erschien ein *Lehrbuch der Gerichtlichen Psychopathologie* von R. v. Krafft-Ebing[1], welches das psychiatrische Wissen der damaligen Zeit zusammenfaßt und den außerordentlichen Einfluß dieser Wissenschaft für den Fortschritt der Rechtspflege deutlich macht. Erst rund 4 Jahrzehnte später erschien das große Werk der *Allgemeinen Psychopathologie* von K. Jaspers[2], welches dann über 5 Jahrzehnte eine maßgebende Grundlage für die Entwicklung der allgemeinen Psychiatrie bleiben sollte.

Hundert Jahre später, in der „Psychiatrieenquête" des Jahres 1975, dem Bericht über die Lage der Psychiatrie in der Bundesrepublik Deutschland, wird die Stellung der forensischen Psychiatrie als „Schlußlichtposition" bezeichnet. Wenn man, wie der Autor, während der letzten 3 Jahrzehnte sozusagen täglich mit der Theorie und Praxis der forensischen Psychiatrie beschäftigt war, muß man die Qualifizierung der Psychiatrieenquête, die im Jahre 1985 in einer Stellungnahme

---

[1] Krafft-Ebing R von (1881) Lehrbuch der Gerichtlichen Psychopathologie, 2. Aufl. Enke, Stuttgart.
[2] Jaspers K (1948) Allgemeine Psychopathologie, 5. Aufl. Springer, Berlin Heidelberg. Als 1913 die Psychopathologie von Jaspers erstmals erschien, gab es bereits von Emminghaus die *Allgemeine Psychopathologie zur Einführung in das Studium der Geistesstörungen* (Leipzig 1878). Dieses Buch kann noch nicht als eine Bearbeitung des Themas „Psychopathologie" betrachtet werden. Ohne irgendwelche methodologische Vorbehalte bringt das Buch rein beschreibend auf der Grundlage der Alltagspsychologie und der medizinisch-naturwissenschaftlichen Systematik eine Darstellung der damaligen Psychiatrie.

der Psychiatriereferenten des Bundes und der Länder[3] bestätigt wurde, als teilweise berechtigt anerkennen.

Mangelhaft ist die quantitative und qualitative Vertretung der forensischen Psychiatrie in Forschung und Lehre, sehr mangelhaft ist die Qualität der Begutachtung in vielen Bereichen der gerichtlichen Praxis[4], insbesondere im Strafrecht, das zu ca. 80 % die zentralen Aufgaben für die forensische Psychiatrie bringt. Die gleichartigen Aufgaben im Zivilrecht treten demgegenüber zahlenmäßig weit zurück. Die ganz andersartigen gutachtlichen Aufgaben im Sozialrecht fallen in den Tätigkeitsbereich der allgemeinen Psychiatrie. Es ist also ganz überwiegend die Tätigkeit der psychiatrischen Sachverständigen im Strafrecht, die die Mängel offenbar werden läßt und die Kritik herausfordert.

Unberechtigt ist dagegen – so wird sich abschließend zeigen – die Kritik soweit sie von der Unterstellung ausgeht, daß ein wissenschaftlicher Fortschritt in der forensischen Psychiatrie der Gegenwart nur dann zu erwarten sei, wenn sie sich die modernen operationalen und quantifizierenden Methoden der allgemeinen Psychiatrie zu eigen mache.

Die Aufgaben der forensischen Psychiatrie hängen von den Anforderungen des Rechts, insbesondere des Strafrechts ab. Unter diesem Aspekt lassen sich die maßgeblichen Gründe für das derzeit zu registrierende negative Erscheinungsbild der forensischen Psychiatrie durch einen Blick in die wissenschaftsgeschichtliche Entwicklung aufzeigen. Dies soll nachfolgend in möglichst knapper und einfacher Form geschehen. Erst die Kenntnis und fundierte Durchdringung dieser Gründe vermag die richtigen Ansatzpunkte zur Bewältigung der gegenwärti-

---

[3] Bericht über die Lage der Psychiatrie in der Bundesrepublik Deutschland (1987) „Psychiatrieenquête"; s. Spektrum Psychiatr Nervenhk 16:33.

[4] Witter H (1987) Zur gegenwärtigen Lage der forensischen Psychiatrie. In: Witter H (Hrsg) Der psychiatrische Sachverständige im Strafrecht. Springer, Berlin Heidelberg New York Tokyo.

gen Schwierigkeiten in der forensischen Psychiatrie aufzuzeigen.

Die Psychiatrie befaßt sich mit den „psychischen Störungen" des Menschen. In grober Systematisierung kann man dabei den mehr individuell ausgerichteten Aufgabenbereich der *Behandlung* von psychischen Leidenszuständen (Somatotherapie und Psychotherapie zur Vorbeugung, Linderung und Beseitigung psychischer Leidenszustände) von dem mehr sozial orientierten Aufgabenbereich der *Beurteilung* psychisch bedingter Einschränkungen von „Fähigkeiten" (soziale Behinderung, soziale Gefährlichkeit, eingeschränkte Verantwortungsfähigkeit) unterscheiden. Früher wurden die beiden Aufgabenbereiche in der psychiatrischen Praxis kaum voneinander getrennt, in der Gegenwart ist die „Beurteilungspsychiatrie" aber sozusagen als Subspezialität in der forensischen Psychiatrie vertreten, während man sich in der allgemeinen Psychiatrie nach Möglichkeit nur noch mit der Behandlung befassen will.

In der Vergangenheit, bis etwa zur Mitte unseres Jahrhunderts, waren die therapeutischen Möglichkeiten in der Psychiatrie gering und dementsprechend nahmen die administrativen Maßnahmen, die dem Schutz des Kranken und der Gesellschaft dienten und sich auf die *Beurteilung* des Kranken stützen mußten, einen relativ großen Raum ein. Eine grundlegende Änderung trat dann mit den Möglichkeiten und Erfolgen der Behandlung ein, wie sie insbesondere ab 1956 durch die Pharmakotherapie eröffnet wurden. So wie in den anderen Gebieten der Medizin befaßte sich der Arzt nun auch in der Psychiatrie fast ausschließlich mit der Therapie. Das Interesse für die sozialen Maßnahmen beschränkte sich auf die Verbesserung der therapeutischen Bedingungen für den Patienten. Das Interesse für administrative Entscheidungen, die nicht nur das persönliche Wohl des Patienten, sondern auch die Gewährleistung der sozialen Ordnung im Auge hatten, nahm nicht nur ab, sondern diese wurden sogar als eine nunmehr weitgehend überflüssig gewordene Belastung angesehen, insbesondere soweit sie zu einer Einschränkung der Freiheitsrechte des Kranken führten. Abgesehen von der verstärkt freiheitsorientierten humanen Einstellung zum Kranken, gab es durch die Erfolge der Pharmakotherapie auch gute Gründe, die soziale Stellung des psychisch Kranken in einem anderen Lichte als bisher zu sehen und die gegen die Freiheitsrechte des Kranken gerichteten administrativen Maßnahmen abzubauen.

In dem speziellen Aufgabenbereich der gerichtlichen Psychiatrie, der *Beurteilung der Verantwortungsfähigkeit* im Straf- und Zivilrecht, änderte sich damit aber nur wenig. Fast ausschließlich mit der *Behandlung* der Kranken befaßt, wollten die in der Therapie aktiven Nervenärzte möglichst wenig mit der gerichtlichen = forensischen Psychiatrie zu tun haben. Es wurde auch der Versuch gemacht, aus der forensischen Psychiatrie eine vorrangig therapeutisch arbeitende Disziplin zu machen. Dabei wurde allerdings vergessen, daß die neuen therapeutischen Instrumente der Psychiatrie, die bei den Geisteskrankheiten sehr wirksam waren, bei den Persönlichkeitsstörungen, die im Klientel der forensischen Psychiatrie zahlenmäßig weit überwiegen, meist ungeeignet oder sogar kontraindiziert sind. Wir kommen darauf zurück.

- Der Wandel der Einstellung in der allgemeinen Psychiatrie führte nicht nur zum Desinteresse, sondern auch zunehmend zur Kritik an der forensischen Psychiatrie. So hat die dezidierte Ablehnung der Übernahme von ärztlichen Beurteilungen, die nicht nur dem subjektiven Interesse des Kranken, sondern auch der Bewahrung der sozialen Ordnung dienen, in jüngster Zeit zu dem Vorwurf geführt, daß der forensische Gutachter seine „ärztliche Identität verleugne". Tatsächlich ist aber nicht nur in der forensischen Psychiatrie, sondern auch bei jeder anderen medizinischen Sachverständigkeit eine neutrale, von subjektiven Interessen freie Stellungnahme zu den aufgeworfenen Sachfragen eine selbstverständliche Verpflichtung für jeden Gutachter. Die journalistisch pointierte Herabsetzung des psychiatrischen Sachverständigen, er sei nur „Selektionsgehilfe" des Gerichts, gehört zu den ideologisch gesteuerten Angriffen auf die forensische Psychiatrie, die im Einzelfall vielleicht einmal begründet sein mögen, als generalisierende Beurteilung aber in rechtstaatlich geführten Demokratien völlig unberechtigt bleiben.

In diesem Zusammenhang noch eine Bemerkung zur Bewegung der sog. „Antipsychiatrie", die vorrangig die allgemeine Psychiatrie betraf, aber entsprechende Auswirkungen sekundär auch in der forensischen Psychiatrie brachte. Die „Antipsychiatrie", die sich etwa ab 1965 weltweit ausbreitete, zeigt die „Ideologieanfälligkeit" der Psychiatrie besonders eindrucksvoll. In den anderen Fächern der Medizin gibt es nichts Vergleichbares. Die Existenz der Geisteskrankheiten und die Notwendigkeit eines medizinischen Faches Psychiatrie wurden schlichtweg geleugnet, die Einsperrrung der Patienten in eine Klinik wurde als krankmachendes Mittel zur Durchsetzung der Werturteile und Macht der herrschenden Klasse bezeichnet. Dementsprechend wurde die Entlassung aller Patienten und die Auflösung der psychiatrischen Anstalten verlangt. Einige kritische Äußerungen gegenüber veralteten psychiatrischen Einrichtungen waren nicht ganz unbegründet, wie immer findet man auch hier einen berechtigten Ansatzpunkt für die Entwicklung extremistischer Weltveränderungsprogramme. Jedoch handelte es sich bei den Vorwürfen ganz überwiegend um Übertreibungen und um nebulöse Vorstellungen, die ohne Sachkenntnis in die Welt gesetzt und von Demagogen ausgenutzt wurden. Die soziologischen Weltverbesserer der Gegenwart sind insoweit nicht weniger realitätsfern, utopisch und schadenstiftend als es dämonologisch denkende „Psychiker" in den Anfängen der Psychiatrie waren, die jegliche somatische Genese psychischer Krankheiten leugneten. In der Gegenwart scheint sich die „Antipsychiatrie" aber weitgehend totgelaufen zu haben. Diese vom kurzlebigen Zeitgeist abhängigen und von bestimmten Medien hochgespielten Beeinträchtigungen der allgemeinen und der forensischen Psychiatrie haben aber nur randständige Bedeutung gegenüber den tieferen, wissenschaftshistorisch entstandenen und methodologisch begründeten Problemen. Die Psychiatriegeschichte, insbesondere die deutsche, ist von ihrem Anbeginn bis in die Gegenwart durch mehr oder weniger gegensätzliche Auffassungen der sog. „Psychiker" und der sog. „Somatiker" belastet. Besser wird die bis heute verbliebene, gegensätzliche Position mit den Begriffen der „idiographisch" und der „nomothetisch" arbeitenden Psychiatrie erfasst.

Dieser Gegensatz kennzeichnet auch die Veränderungen der Argumentationsweise in der forensischen Psychiatrie, die von der jeweiligen Dominanz der einen oder anderen Richtung in der allgemeinen Psychiatrie abhängig ist. Auch wenn die meisten Psychiater in der Gegenwart eine dezidierte Präferenz für die Richtung der Psychiker oder Somatiker vermeiden und sich wenigstens verbal um eine „ausgewogene" Stellungnahme bemühen, lassen doch die bevorzugten Antworten auf das „Was" (Erscheinungsbild), das „Wie" (Ätiologie, Somato- und Psychogenese) und das „Warum" (lebensgeschichtliche Bedeutung) der psychischen Störungen die jeweils dominierende ideologische Einstellung erkennen.

In der Behandlungspsychiatrie spielt dies keine große Rolle. Die Indikationen für den Vorrang von psycho- oder somatotherapeutischer Behandlung lassen sich relativ leicht abgrenzen. Im übrigen ergibt sich die Notwendigkeit und Richtigkeit des ärztlichen Handelns aus der Erfahrung an den therapeutischen Ergebnissen. So wird eine ideologische Voreingenommenheit meist durch die praktische Berufserfahrung abgeschwächt oder gar korrigiert. Die Behandlungsideologie unterliegt zwangsläufig einer erfahrungswissenschaftlichen Kontrolle.

In der forensischen Beurteilungspsychiatrie gibt es eine analoge Kontrolle durch Erfahrung nur in Ausnahmefällen (z. B. bei der Nachprüfung von Prognosen oder beim Auftreten einer Geisteskrankheit zwischen Begutachtung und Hauptverhandlung). In der Regel gibt es bei der Beurteilung der Verantwortungsfähigkeit nur juristische und keine erfahrungswissenschaftlich verwertbaren Folgen. Heute wie früher übernimmt der psychiatrische Gutachter mit einer globalen Bewertung des psychopathologischen Sachverhalts, die von seiner ideologischen Einstellung mitgeprägt wird, die rechtliche Entscheidung über die Verantwortungsfähigkeit eines Probanden. Er stützt sich dabei auf ein subjektives, juristisch nur schwer überprüfbares Evidenzerlebnis. Als Kontrolle der „Richtigkeit" der gutachtlichen Entscheidung bleiben letztlich nur die an vergleichbaren Fällen orientierten Billigkeitserwägungen des Richters. Die Abhängigkeit der forensischen Beurteilung von der ideologischen Einstellung des Gutachters soll der nachfolgende kurze psychiatriegeschichtliche Überblick verdeutlichen. Abschließend soll gezeigt werden, wie das subjektiv gebundene Gutdünken durch ein überprüfbares wissenschaftliches Vorgehen in der forensischen Psychopathologie ersetzt werden kann.

3 Perspektiven der Psychiatrie (ca. 1800–1975)

Um 1800 entstand die wissenschaftliche Psychiatrie als eine Art empirische Irrenheilkunde in Frankreich (Pinel, Esquirol). Man hielt sich an die sorgfältige klinische Beobachtung und Beschreibung der psychischen Erscheinungsbilder, also an das „Was" der psychischen Störungen. Man bemühte sich um eine Ordnung der Erscheinungsbilder und es entstanden so die Umrisse einer Nosologie, die allerding nur deskriptiv typologisch begründet war. Auf Hypothesen über die Ätiologie und Pathogenese, also auf die Erörterung des „Wie" der psychischen Störungen, wurde weitgehend verzichtet. Nach einem „Warum", einem Sinngehalt der psychischen Störung, wurde überhaupt nicht gefragt. Bei der Behandlung der Kranken verbanden sich humanitäre und medizinische mit juristischen Vorstellungen, die zu dem in Frankreich mehr als 100 Jahre geltenden Gesetz von 1838 führten, welches Vorbild für die Institutionalisierung der Psychiatrie auch in anderen Ländern wurde. Es regelte die Erstellung und Unterhaltung von Anstalten durch den Staat sowie die ärztlichen und rechtlichen Bedingungen für die Unterbringung der Geisteskranken in diesen Anstalten, in denen durch die Vorherrschaft des fürsorglichen Gedankens eine therapeutische Atmosphäre entstand. Obgleich die geistige Störung nun als Krankheit anerkannt war, blieb sie doch durch ihre sozialen Auswirkungen gekennzeichnet, die eine Absonderung von der allgemeinen Krankenbehandlung erforderlich machten. Mit den eigenständigen Institutionen für die „Irrenheilkunde" blieben auch die „Irrenärzte" eine von der übrigen Ärzteschaft getrennte Gruppe.

In Deutschland war die Psychiatrie demgegenüber in der ersten Hälfte des 19. Jahrhunderts durch das Vorherrschen der sog. „Psychiker" (Heinroth, Ideler u. a.) gekennzeichnet. Als positiver Aspekt erscheint rückblickend ihre anthropologische Orientierung an der leibseelischen Ganzheit des Menschen. Dem steht als ideologisch negativer Aspekt gegenüber, daß Geisteskrankheit als Folge von Sünde und Schuld, als „Hypertrophie der Leidenschaften" angesehen wurde, der man nur durch die rigorose Anwendung sittlicher Regeln begegnen kann. Obgleich an der humanen Einstellung der Psychiker kein Zweifel sein kann, hatte ihre Ideologie auch Folgen für die Krankenbehandlung, die aus heutiger Sicht abzulehnen sind. Deutlich von der Romantik beeinflußt, gab es idealistische Lehren über die Verursachung der Geisteskrankheiten (Leupold, Carus, Kerner u. a.), die manchmal von Theoretikern verfaßt wurden, die wenig Kontakt mit den Kranken hatten. Die Bezeichnung Geistes„krankheit" behielt in diesem Rahmen oft nur noch metaphorische Bedeutung. Maßgebend waren philosophisch-religiöse Betrachtungen über das Wie und das Warum der psychischen Störungen.

In der 2. Hälfte des 19. Jahrhunderts begann sich aber die Schule der „Somatiker" (Griesinger, Westphal) allmählich durchzusetzen, für die die Ursache der Geisteskrankheiten in pathologischen Hirnveränderungen zu suchen war. Der somatischen Auffassung entsprechend wurden Psychiatrie und Neurologie als Nervenheilkunde zusammengefaßt. In Lehre und Forschung wurde die Psychiatrie ein Teilgebiet der Medizin, aus den Irrenärzten wurden Nervenärzte. Das „Was", die psychopathologischen Phänomene, wurde als „Symptom" eines vermuteten Körperprozesses beachtet, aber neben der Erforschung des nur noch somatisch gedachten „Wie" als zweitrangig betrachtet. Die Frage nach einem Sinngehalt der psychischen Störungen erschien geradezu als abwegig. – Die Abwendung von der moralisierenden Betrachtung der Psychiker schlug sich in einer pragmatischen, letztlich humaneren Krankenbehandlung nieder, die aus Gründen der Praktikabilität allerdings weiterhin ganz überwiegend in abgesonderten „Anstalten" erfolgen mußte. Die Universitätskliniken behielten teilweise Anstaltscharakter, teilweise hatten sie die Funktion von Übergangseinrichtungen für die Anstaltsunterbringung. Die forensische Psychiatrie wurde nun durch die in der allgemeinen Psychiatrie dominierende naturwissenschaftliche Einstellung geprägt. So brachte die von der somatischen Grundauffassung ausgehende Psychopathologie eine konsequente Abwendung von den moralisierenden Tendenzen der Psychiker, gleichzeitig ging allerdings auch der Blick für die anthropologische Dimension des Psychischen verloren. Dieser Mangel wirkte sich aber in der Praxis insofern positiv aus, als er eine Kompetenzbegrenzung für den psychiatrischen Sachverständigen mit sich brachte: Nur noch bei Gehirnkrankheiten hatte der Psychiater einen Beitrag zur Beurteilung der Zurechnungsfähigkeit zu liefern. Das Einbringen seiner affektiven, positiv oder negativ wertenden Einstellung in die rechtliche Beurteilung wurde dadurch weitgehend neutralisiert. Als Beispiel für solch eine somatische Grundauffassung sei Krafft-Ebing aus dem Jahr 1881 zitiert:

Während die metaphysischen Wissenschaften in der Annahme einer selbständigen Seele sich gefallen und höchstens anerkennen, daß diese Seele zeitlich an ein körperliches Organ gebunden ist, sich dessen gleichsam als ihres Werkzeuges bediene, geht die naturwissenschaftliche Betrachtung der der sogenannten Seele zugeschriebenen Funktionen des Menschen von der thatsächlich jeden Augenblick sich kundgebenden Abhängigkeit dieser Funktion vom Körper und dessen Zuständen aus und weist diese Seelenvorgänge einem bestimmten Organ des Körpers, dem Gehirn, als Funktionen zu (v. Krafft-Ebing, 1881, S. 10).

Die von v. Krafft-Ebing kritisierte Vorstellung einer selbständigen Seele führte aber nicht zur Abkehr von dem dualistischen Seele-Leib-Denkschema, sondern kehrte dies lediglich in ein Leib-Seele-Schema um. Dies ist in der Psychiatrie und vor allem auch im juristisch-psychologischen Denken bis heute beherrschend geblieben. Die als eine Art geistige Substanz gedachte Seele lebt in der Vorstellung eines selbständigen „Willens" fort, der zur Vermeidung der bösen oder zur

Vollbringung der guten Tat „angespannt" werden muß, aber auch trotz „Anspannung" vom bösen Trieb oder einer anderen bösen Instanz „überwältigt" werden kann. Das dualistische Schema mit der Vorstellung, daß psychische Störungen durch leibliche Störungen verursacht werden, ist in der Medizin und der naturwissenschaftlich arbeitenden allgemeinen Psychiatrie notwendig und höchst fruchtbar. Seine Berechtigung, die in der Therapie evident wird, kann nicht bezweifelt werden. Die methodologisch unreflektierte Übertragung dieses unvermeidlich streng deterministischen Denkschemas in die psychopathologische Beurteilungsaufgabe der forensischen Psychiatrie ist aber nach Auffassung des Autors eine entscheidende Ursache für die bis in die Gegenwart fortdauernden Fehlleistungen bei der Begutachtung.

Als in der allgemeinen Psychiatrie mehr und mehr erkannt wurde, daß Neuropathologie und Neurophysiologie nur einen kleinen Teil der in sie gesetzten Hoffnungen erfüllten, besann man sich neben der naturwissenschaftlich-somatischen Forschung zusätzlich auf die in Frankreich entwickelten empirisch-klinischen Methoden der Psychopathologie (Kahlbaum). Damit wurde Deutschland in der europäischen Psychiatrie führend. Es war die Ausgangsbasis für die moderne klinische Nosologie geschaffen, die vom Ende des 19. bis zur Mitte des 20. Jahrhunderts vor allem durch die Werke von Emil Kraepelin, Karl Jaspers und Kurt Schneider geprägt wurde.

Gestützt auf das somatische Grundlagenkonzept und auf eine formal objektivierende Psychopathologie, bietet die traditionelle klinische Nosologie eine Dreiteilung: Es gibt

1) nichtkrankhafte psychische Störungen, die auf normabweichende Persönlichkeitseigenschaften und/oder auf normabweichende Erlebnisreaktionen zurückzuführen sind („Persönlichkeitsstörungen", „Neurosen"),
2) Geisteskrankheiten mit postulierter, aber noch nicht nachgewiesener medizinisch-somatischer Ursache („endogene Psychosen"),

3) Geisteskrankheiten mit bekannter medizinisch-somatischer Ursache („körperlich begründbare Psychosen").

Das Krankheitskonzept war also der Idee naturwissenschaftlicher Objektivität verpflichtet, nicht nur bei der somatischen Ursachenforschung, sondern auch bei der Deskription der klinischen Störungsbilder. Das psychologische Kennzeichen der Krankheit war die Unverständlichkeit der psychischen Erscheinungen. Der subjektive Aspekt des gestörten Erlebens, seine individuellen Inhalte, interessierten dabei nur insoweit, als dadurch auf die überindividuelle objektive *Form* der psychischen Störung geschlossen werden konnte. Das Forschungsinteresse war nicht auf „den Kranken", sondern auf „die Krankheit" gerichtet, – also „nomothetisch".

Man hat deshalb der traditionellen klinischen Nosologie oft vorgeworfen, daß sie die unter Umständen sehr bedeutsamen lebensgeschichtlich-psychogenetischen Aspekte der subjektiven Leidenszustände unbeachtet lasse. Solange sich die klinische Psychiatrie ganz vorrangig mit den Psychosen befaßte und die Persönlichkeitsstörungen und Neurosen, die nicht als krankhaft angesehen wurden, als ein für die psychiatrische Forschung und Behandlung unwichtiges Randgebiet ansah, konnte man dies hinnehmen.

Die nunmehr in der allgemeinen Psychiatrie verfolgte Beschäftigung mit dem „Was" und „Wie" der psychischen Störungen nach einem empirisch-wissenschaftlichen Konzept, schien der forensischen Psychiatrie eine bestechend einfache und klare Lösung bei der Beantwortung der Rechtsfrage nach der „freien Willensbestimmung" zu liefern: Nur somatisch bedingte psychische Krankheit kann exkulpieren – sei die Somatose nun unmittelbar (wie bei den sog. körperlich begründbaren Psychosen) oder auch nur mittelbar-hypothetisch, nämlich psychopathologisch durch die Unverständlichkeit der psychischen Erscheinungen (als sog. endogene Psychose), nachgewiesen. Mit dieser Lösung befand sich der psychiatrische Sachverständige auch weitgehend in Übereinstimmung mit der intuitiv gebildeten „öffentlichen Meinung", auch der des Juristen. Bei dem so von vornherein spontan hergestellten Einverständnis brauchte das „überzeugende Gutachten des Sachverständigen" kaum noch eine wissenschaftstheoretische Begründung. Die dann doch noch diskutierten Begründungen führten teilweise auf Abwege. Die übereinstimmend intuitiv erfaßte Verantwortungsunfähigkeit des Psychotikers beruht auf der *Psychopathologie* der Psychose, die den Verlust des Realitätsbezugs des Kranken für jedermann evident werden läßt. Die nach der dualistischen Vorstellung des Leib-Seele-Verhältnisses gegebene zusätzliche Begründung, daß hier der freie Geist vom kranken Körper lahmgelegt oder zerstört wurde, ist überflüssig und wird irreführend, wenn nunmehr die gutachtliche Entscheidung vom Nachweis oder der zwingenden Vermutung einer Körperkrankheit abhängig gemacht wird. Um es nochmals zu wiederholen: Für die somatische Forschung in der allgemeinen Psychiatrie ist die dualistische Hypothese als heuristisches Prinzip unerläßlich; in der forensischen Psychiatrie, in der es allein auf die Psychopathologie ankommt, führt die Verabsolutierung dieser Hypothese zu einem falschen Lehrsatz.

Die forensische Problemlösung wäre ungeachtet aller hypothetischen Unterstellungen überzeugend geblieben, wenn der psychiatrische Sachverständige sich auf seine Zuständigkeit, den psychopathologischen Nachweis der Psychose, beschränkt und alle de- und exkulpierenden Gesichtspunkte, die u. U. auch von dem „Warum" einer psychischen Störung ausgehen können, der richterlichen Beurteilung überlassen hätte. Diese Beschränkung, die die kritisch denkenden, somatisch orientierten Psychopathologen von v. Krafft-Ebing bis Kurt Schneider stets gefordert hatten, wurde aber keineswegs eingehalten. Psychiatrische Anmaßung beim Anspruch auf die juristische Beurteilung sowie richterliche Unsicherheit und Bequemlichkeit führten in der gerichtlichen Praxis zu einer Verabsolutierung der schlichten dualistischen Begründung des Beurteilungsrezepts. Dieser Verabsolutierung steht allerdings seit dem Jahr 1959 eine höchstrichterliche grundsätzliche Entscheidung im Wege, die dem „medizinischen Krankheitsbegriff" einen „juristischen Krankheitsbegriff" entgegengestellt hat. BGHSt 14,32: Unter den Begriff der krankhaften Störung der Geistestätigkeit fallen nicht nur die Geisteskrankheiten im klinisch-psychiatrischen Sinne, „sondern alle Arten von Störungen der Verstandestätigkeit sowie des Willens-, Gefühls- oder Trieblebens, welche die bei einem normalen und geistig reifen Menschen vorhandenen, zur Willensbildung befähigenden Vorstellungen und Gefühle beeinträchtigen."

Der Streit um die Differenzierung des „medizinischen" und des „juristischen" Krankheitsbegriffs kann auch heute noch nicht als abgeschlossen bezeichnet werden. Zwar wird die Berechtigung eines „juristischen Krankheitsbegriffs" in grundsätzlicher Hinsicht kaum noch bestritten. Aber es ist sehr zweifelhaft geblieben, wie die Grundsätze im Einzelfall konkret verwirklicht werden sollen. Die in antiquierter Psychologie formulierte Definition der höchstrichterlichen Entscheidung ist als Richtlinie für einen wissenschaftlich begründbaren Entscheidungsprozeß nicht geeignet. Sie folgt wiederum dem dualistischen Denkschema, daß es da eine „normale" selbständige Seele gebe, deren Willensbildung durch „Störungen" beeinträchtigt werden könne. Woher die Störungen kommen sollen, bleibt offen: Von bösen Geistern oder von körperlichen Veränderungen?

Dem verständlichen Wunsch der Gerichte, dem Sachverständigen auch im Bereich des „juristischen Krankheitsbegriffs" verantwortliche Zuständigkeit zu übertragen, schienen diejenigen Richtungen der Psychiatrie entgegenzukommen, die ganz vorrangig psychologisch arbeiteten und auf diese Weise eine oft kritisierte Lücke der traditionellen nosologischen Psychiatrie schlossen. Im Rahmen der juristischen Vorstellungen interessierte weniger das „Was" als psychopathologischer Befund und das „Wie" als somatische Entstehungsursache einer psychischen Krankheit, es interessierten vielmehr das „Wie" und das „Warum" des „Geisteszustandes eines Täters" aus psychologischer Sicht. Der Personenkreis, mit dem die Gerichte zu tun hatten, bestand ja auch ganz überwiegend aus „normalen" und psychisch nur leicht gestörten Menschen. Es interessierten vor allem die sog. Persönlichkeitsstörungen. Demgegenüber waren die Gerichte mit den schweren psychischen Krankheiten, den körperlich begründbaren und den endogenen Psychosen, nur relativ selten befaßt.

Außerhalb und neben der an den Universitäten betriebenen, nosologisch ausgerichteten klinischen Psychiatrie hatte sich seit der Jahrhundertwende in der allmählich immer stärker ausgeweiteten Neurosenbehandlung durch die Psychoanalyse (Freud) eine neue psychogenetische Lehre der Verursachung der psychischen Störungen etabliert. Der alte ideologische Streit zwischen Psychikern und Somatikern lebte in einem neuen Gewand wieder auf. Die theologisch-philosophischen Theorien der „alten Psychiker" waren in der Psychoanalyse durch eine materialistisch-biologische Theorie ersetzt. Obgleich der Gehalt der neuen Theorie einen naturwissenschaftlichen Eindruck macht, darf man nach den daran anknüpfenden idiographischen Deutungen von „neuen Psychikern" sprechen. Die neue psychogenetische Lehre, die sich in vielen psychologischen, soziologischen und kulturanthropologischen Varianten (C.G. Jung, Adler, Horney) ausbreitete, bot plausible Deutungsmöglichkeiten für die psychische Verursachung von Neurosen und Persönlichkeitsstörungen, die manchmal bei der Psychotherapie nutzbar gemacht werden konnten.

Die Vermutung, daß sich die forensische Psychiatrie durch die neuartige psychologische Sicht der psychischen Störungen hätte angesprochen fühlen müssen, ist naheliegend, aber falsch. Die nun zunehmend als unangenehm erachtete Zusammenarbeit mit der Strafjustiz wurde von den Vertretern der Psychoanalyse gemieden, teilweise sogar dezidiert abgelehnt. Umgekehrt betrachtete auch die Justiz die Psychoanalyse mit großer Skepsis. Die gerichtliche Tätigkeit als psychiatrischer Sachverständiger verblieb zunächst bei den Vertretern der traditionellen klinischen Psychiatrie, die mit ihrer somatischen Grundorientierung und ihrer formal-objektivierenden phänomenologischen Psychopathologie der inhaltlich-subjektiv deutenden Psychoanalyse gleichfalls überwiegend ablehnend gegenüberstanden.

Die tiefenpsychologisch genannten psychogenetischen Hypothesen erlangten in der 1. Hälfte des 20. Jahrhunderts in den USA – insbesondere mit der Modellvorstellung der Freudschen Psychoanalyse – eine beherrschende Stellung, die sich von den Neurosen ausgehend auf die gesamte – nunmehr „psychodynamisch" genannte – Psychiatrie erstreckte. Es wurde bei den psychischen Störungen nur noch randständig nach dem „Was" und nach dem „Wie" und letztlich nur noch nach dem „Warum" gefragt. Durch das weitere Ausgreifen der psychoanalytischen Vorstellungen wurde der Unterschied zwischen Neurosen und Psychosen hinfällig, eine differenzierende nosologische Diagnostik erschien überflüssig. Mit der kulturanthropologischen Popularisierung des psychoanalytischen Gedankenguts wurden darüber hinaus im allgemeinen Bewußtsein die Grenzen zwischen Normalität und Pathologie verwischt, so daß der Psychiater in der Rolle eines Helfers bei allen Lebensschwierigkeiten gesehen wurde. Es entstand in den USA so etwas wie eine „psychoanalytische Seelsorge". Im Beginn der 2. Hälfte des 20. Jahrhunderts hatte die „psychodynamische" Bewegung in den USA ihren Höhepunkt überschritten. Ihr Rückgang begünstigte die Entwicklung einer neuen „biologischen" Psychiatrie. Deutlich wird die völlige Abwendung von der „Psychodynamik" in dem offiziell anerkannten amerikanischen Diagnosenschema DSM III von 1980. Wir kommen darauf zurück. Demgegenüber begann sich in Europa die tiefenpsychologische, psychodynamische Betrachtungsweise erst mit einer Verspätung von 20–25 Jahren auszubreiten. Durch den Reifungsprozeß, den die sog. psychodynamische Psychiatrie durch Einschränkungen und Modifizierungen der Gültigkeit des psychoanalytischen Konzepts und durch die Ausbreitung anderer, konkurrierender tiefenpsychologischer Motivationslehren durchgemacht hatte, war sie generell akzeptabel geworden. In der Bundesrepublik Deutschland wurden „Psychotherapie und Psychosomatik" als obligatorisches Fach in das Medizinstudium eingeführt. Es sind meist psychoanalytisch orientierte Lehrer, die dieses Fach unterrichten. Die nichtmedizinischen Berufe der Psychologen, Soziologen und Sozialarbeiter erhalten im Bereich der Psychiatrie ein wachsendes Betätigungsfeld. Allerdings verstehen sich die Vertreter dieser Berufe meist als Helfer der klinischen und der Sozialpsychiatrie, und die pointiert am Individuum orientierte Psychoanalyse spielt lediglich in den theoretischen Vorstellungen, aber kaum in der praktischen Arbeit eine Rolle. Im Zentrum der Bemühungen dieser Berufsgruppen steht die psychagogische und sozial-praktische Lebenshilfe für psychisch behinderte und kranke Menschen. Die aus neuem psychiatrischen Denken erwachsene Sozialpsychiatrie und die damit effektiv verbundene Ausdehnung der therapeutischen Bemühungen von der stationären Behandlung der Psychosen auf die ambulante Behandlung der postpsychotischen oder nichtpsychotischen leichteren psychischen Störungen hat in der allgemeinen Psychiatrie einen beachtlichen Fortschritt gebracht. Die psychodynamische Betrachtungsweise hat daran wesentlichen Anteil, konnte ihre Zielsetzungen aber nur durch die vorangegangenen Erfolge der Pharmakotherapie realisieren.

Auf die Dauer blieb auch die forensische Psychiatrie von der psychodynamischen Betrachtungsweise nicht unberührt. Die Motivationsanalyse, bisher vernachläßigt, weil man sie nach dem nosologischen Konzept der Exkulpation für unwichtig hielt, fand wachsendes Interesse. Auch die Vertreter der nosologischen Psychiatrie gaben dem Drängen nach Berücksichtigung des „juristischen Krankheitsbegriffs" durch psychologische Motivationsanalysen nach, um u. U. den Geisteszustand eines Täters als „krankheitswertig" anzuerkennen – allerdings ohne Rückgriff auf psychoanalytische Theorien. Die Gerichte zogen auch psychoanalytisch orientierte oder dieser

Betrachtungsweise zumindest aufgeschlossene Psychiater und Psychologen als Sachverständige heran, v. a. bei Fällen der Sexualdelinquenz. Die Konzeption einer verborgenen Motivation hinter der Vielfalt der bewußten Handlungen trug zu einer Horizonterweiterung der juristisch-psychologischen Sichtweise bei, brachte bei den Gerichten allerdings überwiegend *Verunsicherung*.

Einerseits gewannen die Juristen bisher nicht beachtete Einblicke in die Motivationsstrukturen der Täter, und dies hat vermutlich auch positiv zu der ohnehin fortschreitenden Humanisierung des Strafrechts beigetragen. Andererseits griffen die tiefenpsychologisch orientierten Psychiater noch viel anspruchsvoller in den richterlichen Kompetenzbereich ein, als dies unter der schon vorher eingetretenen Fehlentwicklung in der traditionellen forensischen Psychiatrie der Fall gewesen war. Die nosologisch orientierten Psychiater sahen auch bei den Motivationsanalysen ihre Hauptaufgabe immer noch in der Feststellung von „Krankheit" oder der Konzedierung eines juristischen „Krankheitswerts". Die tiefenpsychologischen Sachverständigen beanspruchten demgegenüber mit ihrer Aufdeckung der verborgenen Motivationen, den „richtigen" subjektiven Tatbestand klären zu können. Wenig beachtet blieb, daß die dabei gebildeten psychologischen Konstruktionen einerseits von der jeweils bevorzugten speziellen Motivationstheorie (mehr psychoanalytischer, mehr individualpsychologischer, mehr soziologischer oder noch anderer Art) abhängen und andererseits unvermeidlich immer das Produkt des individuell unterschiedlichen Zusammenwirkens des Untersuchers und des Untersuchten sind.

Bei der tiefenpsychologischen Aufbereitung des subjektiven Tatbestands konnte bei konkreten Einzelfällen die gegebene Deutung manchmal überzeugend erscheinen, manchmal schien sie „an den Haaren herbeigezogen", und die Glaubensbereitschaft der Juristen wurde überstrapaziert. Überdies wurde deutlich, daß die Beurteilungen mehr von der Deutungskunst und den subjektiven Wertvorstellungen des jeweilig tätigen Sachverständigen als von dem objektiv ermittelten äußeren Verhalten des Täters abhingen. Die Verschiedenheit der Deutungen am Einzelfall erlaubte keine Generalisierung dieser Art von Erkenntnissen, die aber für die juristisch gewünschte interindividuelle Vergleichbarkeit der Tatbestände erforderlich ist. Soweit von Psychoanalytikern in jedem Falle die dogmatische Deutungsschablone mit den hypothetischen Instanzen des Über-Ich, des Ich und des Es einförmig eingesetzt wird, können die ihrer Natur nach deterministischen Überlegungen zu der juristischen Beurteilung der in einem konkreten Fall in Frage stehenden „freien" Willensbestimmung nichts beitragen. Die psychoanalytische Verhaltensdeutung muß in jedem Falle zur Exkulpation führen. Von Juristen und manchen Sachverständigen wird versucht, der zwingenden Logik der deterministischen Betrachtungsweise der Psychoanalyse mit allerlei Kunstgriffen zu entgehen, beispielsweise mit der Theorie eines noch verbliebenen „Entscheidungsspielraums". Mit diesem Kunstgriff wird insbesondere bei psychoanalytisch begutachteten Sexualdelinquenten ein Rückzug aus der evident unberechtigten Exkulpation auf die Dekulpation begründet.

Die vorstehend geschilderten Verhältnisse, die eine erhebliche Verunsicherung in die Gerichtspraxis getragen haben, dauern über die Strafrechtsreform von 1975 hinaus bis in die Gegenwart an. Die Juristen können sich mit der Person des Gutachters die Beurteilung der strafrechtlichen Verantwortlichkeit aussuchen, die sie sich in dem Verfahren wünschen. Die Präferenzen der Staatsanwälte und der Verteidiger fallen dementsprechend meist verschieden aus. Die Bedrohung von Rechtsgleichheit und Rechtssicherheit durch die Sachverständigen, die sich mit dem Vordringen der tiefenpsychologischen Psychiatrie noch verstärkte, erhöhte die schon bestehende Skepsis bezüglich der wissenschaftlich begründbaren Neutralität und juristischen Brauchbarkeit der Psychiatrie bei der Beurteilung der Schuldfähigkeit.

Diese Zweifel an der Tauglichkeit der forensischen Psychiatrie fielen zeitlich mit der Verstärkung und Ausbreitung des Behandlungs- und Resozialisierungsgedankens in der Jurisprudenz zusammen. Von juristischer Seite angeregt und von psychiatrischer Seite aufgenommen, entwickelte sich der Gedanke, die Aufgaben der forensischen Psychiatrie durch neue Zielsetzungen grundsätzlich zu verändern. Man glaubte, daß nunmehr die zweifelhafte Beurteilung der Schuldfähigkeit durch eine neue, konkretere Aufgabe für den psychiatrischen Sachverständigen ersetzt werden könne: Durch eine umfassende Analyse der Tatzeitpersönlichkeit sollte er die soziale und kriminologische Prognose, die Rückfallgefahr und die Notwendigkeit von Sicherungsmaßnahmen beurteilen sowie geeignete Mittel zur Erziehung und Behandlung des Täters nennen und ggf. diese auch durchführen. In einem vom Schuldstrafrecht abrückenden Maßregelrecht sollte der Psychiater von der bisherigen zweifelhaft erachteten Beurteilungsaufgabe weg- und auf den Vorrang seiner ärztlichen Behandlungsaufgabe zurückgeführt werden.

Die Kenntnisse und Erfahrungen aus der allgemeinen Psychiatrie sind zur Beantwortung der gerichtlichen Fragen nach der kriminologischen Prognose und nach (resozialisierenden oder) sozialisierenden Behandlungsmöglichkeiten aber nur geeignet, wenn es sich bei den zu beurteilenden Personen um „wirklich" psychisch Kranke handelt. Psychosen, psychoseartige und psychoseähnliche Störungen gehören eindeutig in die Zuständigkeit der Psychiatrie. Es gibt in der allgemeinen Psychiatrie empirisch geprüfte Behandlungsverfahren und katamnestische Studien über Langzeitverläufe, auf die sich der forensisch-psychiatrische Sachverständige beziehen kann. Menschen mit intellektuellen Mangelzuständen, Belastungsreaktionen, neurotischen und psychopathischen Leidenszuständen, die wegen ihres Leidensdruckes psychiatrische Hilfe und Behandlung suchen, gehören gleichfalls in den Zuständigkeitsbereich der Psychiatrie, die die Psychotherapie einschließt. Auch wenn in diesem Bereich die Beurteilung der

Behandlungsaussichten weit problematischer ist als bei den psychotischen und psychoseartigen Störungen, gibt es dazu immerhin eine fachspezifische psychiatrische Erfahrung. Insgesamt haben alle der genannten psychischen Störungen als Leidenszustände aber nur geringe kriminogenetische Bedeutung und sind dementsprechend in der Kriminalität nur in verschwindend kleiner Zahl vertreten.

Dies bedeutet, daß der psychiatrische Sachverständige mit dem genannten Aufgabenbereich – sei er nun als Ersatz für die frühere oder als zusätzliche Aufgabe gedacht – in der überwältigenden Mehrzahl der Fälle zu Aussagen gedrängt wird, die in den Wissensbereich der empirischen Kriminologie fallen und zu denen er mit seinen psychiatrischen Kenntnissen nur ausnahmsweise beitragen kann. Bei der Verordnung und Durchführung einer sog. „Sozialtherapie" von Straftätern, die in der Regel nicht unter psychischen Störungen *leiden* und deshalb auch nicht in das Erfahrungsgebiet des psychiatrisch tätigen Arztes fallen, muß deshalb die forensische Psychiatrie in einer randständigen Position bleiben. Tatsächlich sind die Fragen nach Prognose und Behandlungsmöglichkeiten von Straftätern ein zusätzlicher Aufgabenbereich der forensischen Psychiatrie geworden, der aber neben der alten Aufgabe der Beurteilung der Schuldfähigkeit doch bis in die Gegenwart zweitrangig geblieben ist. Soweit nicht psychiatrische Krankheitsprognosen, sondern sozialpsychologische, kriminologische Bewährungsprognosen verlangt werden, hat die zusätzliche Aufgabe wohl nicht zur Erhöhung des Ansehens der forensischen Psychiatrie beitragen können, sondern die Zweifel an der Zuverlässigkeit ihrer Aussagen eher bestärkt.

Die im Strafrechtsreformgesetz von 1975 geplante „Sozialtherapeutische Anstalt" wurde nur in wenigen Modelleinrichtungen realisiert und durch das Strafvollzugsgesetz vom 20.12.1984 de facto wieder aufgegeben. Die sozialtherapeutisch orientierten Einrichtungen der skandinavischen Länder, die dem deutschen Strafrechtsreformgesetz als Vorbild dienten, sind mittlerweile auch wieder zu allgemeinen Strafvollzugseinrichtungen geworden. Der Autor ist der Ansicht, daß der Fortschritt im Strafvollzug generell durch die verstärkte Beachtung psycho- und soziopädagogischer Gesichtspunkte gewährleistet werden sollte.

Zu einer solchen Entwicklung kann der Psychiater nur wenig beitragen – es sei denn, er widmet seine gesamte Berufstätigkeit der erfahrungswissenschaftlichen Kriminologie und ihrer Anwendung in der Praxis. Hier stehen dann nicht psychiatrische sondern psychologische, pädagogische und soziologische Kenntnisse und Erfahrungen im Vordergrund. Es entsteht also in dieser Tätigkeit ein neues Berufsbild, welches sich von dem des Nervenarztes deutlich unterscheidet und für welches es bisher keinen befriedigend normierten Ausbildungsweg gibt. Gewiss bringt der Psychiater im allgemeinen gute Voraussetzungen für die „klinische Kriminologie" mit, wie mancherorts aus der Praxis bekannt ist. Dies berechtigt aber noch keinesfalls dazu, die Kriminologie als eine Art „Tochterwissenschaft" der Psychiatrie und den Psychiater von vornherein als „zuständig" anzusehen.

4 Perspektiven der Psychiatrie in der Gegenwart

Die Entwicklung der Psychiatrie und des Rechts verläuft nicht ruckartig in mit Jahreszahlen abgrenzbaren Etappen. In unserer Übersicht haben wir das Jahr 1975 wegen der Strafrechtsreform formal als Trennung des 3. und 4. Kapitels eingesetzt und danach die „Gegenwart" beginnen lassen. Tatsächlich sind die im vorangehenden Kapitel geschilderten Verhältnisse in der forensischen Psychiatrie teilweise auch in der unmittelbaren Gegenwart noch unverändert gegeben, wie dort auch gelegentlich vermerkt wurde. Teilweise reichen die nachfolgend in diesem 4. Kapitel geschilderten Verhältnisse bis weit vor das Jahr 1975 zurück, die angesprochenen Probleme besitzen aber besondere Aktualität. Beispielsweise haben die vorstehend geschilderten Bemühungen um die „Sozialtherapie" schon Anfang der 60er Jahre begonnen, Anfang 1975 wurde daraus ein Reformgesetz, Ende 1984 ist der Plan dieses Gesetzes de facto wieder aufgegeben worden. Die Bemühungen um die „Sozialtherapie" sind damit nicht „gestorben", aber sie sind erheblich relativiert und modifiziert worden. Dies wurde im vorangehenden Kapitel bereits vermerkt.

4.1 Veränderte juristisch-psychiatrische Aspekte

Auch nach der Aufgabe des Plans der sozialtherapeutischen Anstalten gehen juristische Bemühungen weiter, die den Prämissen des Schuldstrafrechts einen neuen, zweck- oder maßregelrechtlichen Sinn geben wollen. Die Kenntnis dieser Bemühungen ist für die forensische Psychiatrie von Bedeutung.

Insbesondere Roxin[5] und Jakobs[6] haben mit einigen Variationen, aber unter gleichartigem Ansatz, mit klarer und schlüssiger Argumentation eine Lösung des Schuldbegriffs von

---

[5] Roxin C (1979) Zur jüngsten Diskussion über Schuld, Prävention und Verantwortlichkeit. In: Festschrift für Paul Bockelmann. Beck, München.
[6] Jakobs G (1982) Zum Verhältnis von psychischem Faktum und Norm bei der Schuld. In: Kriminologische Gegenwartsfragen, Bd. 15. Enke, Stuttgart.

der Freiheitsfrage vorgeschlagen. Die Zuschreibung von Schuld wird danach mit den Bedürfnissen der Prävention begründet. Die Frage, ob zur Tatzeit ein Andershandelnkönnen bestand, kann unter dieser Perspektive offen bleiben. Nach dieser Konzeption würden die Aufgaben des psychiatrischen Sachverständigen auf eine Hilfeleistung bei der Sanktionsentscheidung des Gerichts beschränkt. Ist Behandlung in einer psychiatrischen Klinik notwendig, wie ist ist die kriminologische Prognose zu sehen, läßt sich die Prognose durch eine Behandlung verbessern? Dies wären die Fragen an den Sachverständigen – nach einem psychiatrischen Beitrag zur Beurteilung der freien Willensbestimmung würde nicht mehr gefragt.

Die Argumente für und gegen diese Konzeption, auf die der Autor an anderer Stelle[7] eingegangen ist, können hier nicht erörtert werden. In der Praxis der Rechtsprechung würde sich wahrscheinlich für die forensische Psychiatrie weniger verändern, als man zunächst vermutet. Beispielhaft sei Schweden erwähnt, das in seinem Strafrecht fast ausschließlich auf der maßregelrechtlichen Zweckidee aufbaut und in Konsequenz dazu auf den Begriff der Schuldfähigkeit verzichtet. Ob schuldfähig oder nicht – Bestrafung ist beim geisteskranken Täter „zwecklos", seine Unterbringung in einer geschlossenen psychiatrischen Einrichtung ist sowohl im Interesse seiner Resozialisierung als auch im Interesse des Schutzes der Gesellschaft „zweckmäßig". Sveri[8] bezweifelt, daß der Verzicht auf den Begriff der Schuldfähigkeit dem schwedischen Strafrecht einen Vorteil gebracht hat.

Im deutschen Strafrecht gilt jedenfalls wie in den meisten europäischen Rechtssystemen vorläufig nach wie vor die alte Konzeption des Schuldbegriffs, der Richter hat zu be-

---

[7] Witter H (1987) Die Grundlagen der Beurteilung der Schuldfähigkeit im Strafrecht. In: Witter H (Hrsg) Der psychiatrische Sachverständige im Strafrecht. Springer, Berlin Heidelberg New York Tokyo.
[8] Sveri K (1983) Fri fran pafölj d („Ohne Folgen"). In: Festkrift till Hans Thornstedt. Nordstedt, Stockholm.

urteilen, ob der Täter zur Tatzeit auch anders hätte handeln können. Vom Sachverständigen erwartet der Richter Auskünfte über die Voraussetzungen des „Andershandelnkönnens" dieses Täters. Auch der „agnostisch" eingestellte Sachverständige[9] muß sich wenigstens mit den *Voraussetzungen* des „Andershandelnkönnens" befassen, wenn er den Richter bei der Lösung seiner Aufgabe nicht ganz im Stich lassen will. Die forensische Psychiatrie muß aber auf sich langsam verändernde Fragestellungen des Gerichts vorbereitet sein. Die jetzt gestellten Fragen nach Prognose und Behandlungsmöglichkeiten, die sich meist auf die Fälle unterzubringender geisteskranker Täter beschränken, werden bei anderen begutachteten Tätern bisher nach eigenen Erfahrungen in höchstens 3–5 % der Fälle gestellt. Dies könnte sich in Zukunft ändern,

---

[9] Als der profilierteste Vertreter des „Agnostizismus" in der forensischen Psychiatrie besteht S. Haddenbrock darauf, daß vom Sachverständigen nichts über das „Andershandelnkönnen" im Sinne von „Willensfreiheit" gesagt werden könne. Er hat sich (in einer persönlichen Mitteilung an mich) auch gegen die von mir vertretene Beschränkung der „Falsifikation" ausgesprochen, weil auch die Negation von Willensfreiheit kein Gegenstand seinswissenschaftlicher Untersuchung sein könne. Dem stimme ich (selbst „Agnostiker") zu, wenn der Freiheitsbegriff metaphysisch verstanden wird, bezogen auf einen als selbständige Instanz vorgestellten Willen.
Die „Falsifikation", obgleich psychologischer Art, bleibt aber in der physischen Ebene. Es geht um den Ausschluß psychologischer „Fähigkeiten", die unerläßliche Voraussetzung jeder wie auch immer verstandenen „Freiheit" des Handelns sind. Gegenstand seinswissenschaftlicher Untersuchung kann immer nur Handeln als „Willensbenehmen" sein. Ein hinter dem Willensbenehmen stehender nur gedachter, freier oder unfreier Wille ist eine als solche nicht untersuchbare Abstraktion. Die im Willensbenehmen zu Tage tretende Zielsetzung, mag sie gut oder böse sein, hängt von der psychologischen Fähigkeit ab, die Realität unserer gemeinsamen Welt zu erfassen. Wir verlangen im Strafrecht wie in unserer gesamten Sozialforschung, daß ein böses Willensbenehmen unterlassen wird, und unterstellen, daß es ein Andershandelnkönnen gibt. Die Unterstellung der „Freiheit" zum Andershandelnkönnen verliert aber ihre Grundlage, wenn die als Voraussetzung dazu unerläßliche psychologische Fähigkeit des Realitätsbezugs fehlt.

auch bei psychisch nur leicht oder garnicht gestörten Tätern könnten prognostische und Behandlungsfragen Vorrang bekommen. Daß die Kenntnisse und Erfahrungen aus der allgemeinen Psychiatrie zur Beantwortung dieser kriminologischen Fragen nur sehr wenig bieten können, wurde bereits erwähnt. Dies verweist auf das Bedürfnis, die Weiterbildung in der Subspezialität „forensische Psychiatrie" über den Bereich der allgemeinen Psychiatrie hinaus zu ergänzen.

4.2 Veränderungen in der Psychiatrie

Uns geht es hier aber zunächst nicht um die Folgen von Veränderungen in der forensischen Psychiatrie, die möglicherweise durch grundlegende Veränderungen im Strafrecht eintreten könnten. Nach dem Rückgang der „psychodynamischen" Psychiatrie in den USA stellt sich für uns vielmehr die Frage, ob und inwieweit der Aufschwung der „biologischen" Psychiatrie, der in der Gegenwart nicht nur in den USA, sondern auch in der Bundesrepublik Deutschland zu beobachten ist, der forensischen Psychiatrie neue Impulse zu geben vermag.

Die somatische Ursachenforschung der psychischen Störungen hat in der Humangenetik, der Neurophysiologie und der Neurochemie einige Fortschritte, aber keine umwälzenden Veränderungen gebracht. Die Psychiatrie ist vielmehr weiterhin maßgeblich auf die idiographisch und nomothetisch forschende Psychologie angewiesen, aber auf diesem Gebiet ist sozusagen eine neue Epoche eingeleitet. Die bisher kaum beachteten Prinzipien der „Operationalisierung" und der „Quantifizierung" haben wegweisende Bedeutung erlangt.

Seit Anfang der 50er Jahre wurde viel darüber diskutiert, daß die nosologische psychiatrische Diagnostik höchst unsicher sei, wenn sie sich nur auf eine typologische Ordnung und nicht auf medizinische Befunde stützen kann, wie dies bei rund 80 % der Patienten der Fall ist. Tatsächlich ist die Reliabilität, die Beobachterübereinstimmung, bei der psychiatrischen Diagnostik unbefriedigend. Es wurde oft gesagt, daß die „Kennerschaft" des erfahrenen Psychiaters und die darauf gegründete gefühlsmäßige, ganzheitliche Erfassung des Krankheitsbildes bei der nosologischen Zuordnung maßgebend sei, während demgegenüber objektivierbare Kriterien zweitrangig blieben. Kommen nun zu der subjektiv gebundenen Erfassung des Erscheinungsbildes der psychischen Störung noch unterschiedliche theoretische Vorstellungen von der Krankheitsgenese, wie dies in der Psychiatrie nicht selten ist, dann ist leicht vorstellbar, daß das gleiche depressive Syndrom einmal als „Verhaltensstörung bei negativer Lebensbilanz", einmal als „reaktive Depression im Rückbildungsalter" und einmal als „Spätphase einer endogenen Depression" etikettiert wird. So wird die Skala der ätiogenetischen Vorurteile von der rein psychogenetischen, über die teilweise somatogenetische bis zur rein somatogenetischen Verursachung durchlaufen, und es steht die Verifizierung einer nosologisch „richtigeren" Diagnose kaum in Aussicht.

Die seit Jahren zunehmende Tendenz, die nosologische durch eine syndromatologische Diagnostik zu ersetzen, führt zum Verzicht auf alle ätiogenetischen Vorurteile und kann dadurch die Reliabilität verbessern. Im vorstehend geschilderten Beispiel stimmen alle Beobachter in der syndromatischen Diagnose „Depression" überein. Aber diese Verbesserung bleibt teilweise im Negativen stecken. Die psychologische Diagnose „Depression" wird weiterhin auf ein gefühlsmäßiges, ganzheitliches, subjektives Erfassen und nicht auf objektivierbare Kriterien gestützt. Der definitive Verzicht auf eine ätiogenetische Deutung schließt auch die Türe für alle Bemühungen um eine Validierung der Diagnose durch außerpsychologische Konstrukte. Die Versuche, in der Psychiatrie einen methodischen Ausweg aus dieser Situation zu finden, führten zum „Operationalismus", der bereits in einigen Gebieten der psychologischen Forschung zu konzeptioneller Klarheit beigetragen hat – beispielsweise bei der Untersuchung psychophysiologischer Funktionen, bei der quantifizierenden Intelligenzprüfung und bei der Untersuchung von Befindlichkeiten mit Hilfe von Testverfahren.

Vereinfacht ausgedrückt bedeutet Operationalisieren, daß die „*Kunst*" der psychiatrischen Exploration und der unmittelbar evidenten Darstellung ihrer Ergebnisse durch eine für jedermann offene „*Technik*" des Ermittelns psychologischer Befunde und deren Dokumentation mit klar definierten Begriffen ersetzt wird. Vereinheitlichte Befragungen sollen als eine „Operation" in durch Wiederholung überprüfbarer Weise zu gleichartig definierbaren Ergebnissen führen. Der operationale Ansatz wurde in der psychologischen Forschung eingeführt mit der Hoffnung, dadurch die Psychologie wenigstens methodologisch mit der Exaktheit der Naturwissenschaften ausstatten zu können. Die Frage bleibt, ob wir psychische Phänomene wie Traurigkeit und Heiterkeit, Angst und Selbstsicherheit usw., von denen wir aus der privaten Welt eines Untersuchten durch seine Mitteilungen und sein Verhalten Kenntnis erhalten und die wir dann als solche durch die introspektive Unmittelbarkeit unseres eigenen privaten inneren Erlebens verstehen, überhaupt mit einer öffentlich zugänglichen Methode adäquat erfassen können. Verschärft stellt sich diese Frage, wenn im Sinne der exakten Wissenschaft die psychischen Phänomene nicht nur auf dem Wege von objektivierbaren Operationen erfaßt, sondern zusätzlich quantifiziert werden sollen. Ist die „leichte Traurigkeit" von einer „schweren Traurigkeit" überhaupt quantitativ verschieden? Oder handelt es sich hierbei nicht um nur qualitativ zu differenzierende Verschiedenheiten, die lediglich der Einfachheit halber als quantitative Kennzeichen nominalisiert werden? Diese Fragen und Bedenken mögen bei vielen psychologisch-psychiatrischen Forschungsaufgaben irrelevant bleiben, bei bestimmten Untersuchungsaufgaben lassen sie sich jedoch nicht ausräumen. Deshalb muß die Berechtigung der Forderung nach Operationalisierung und Quantifizierung in Teilbereichen der wissenschaftlichen Bearbeitung psychologisch-psychiatrischer Probleme bezweifelt werden.

Die alte nosologische Systematik wurde durch die neue Entwicklung nicht etwa hinfällig, sie blieb zunächst als großes theoretisches Einteilungsgebäude bestehen, wurde aber in ihrer Bedeutung bei der wissenschaftlichen und praktischen Arbeit in der Klinik mehr und mehr relativiert. Da die Pharmakotherapie in der Psychiatrie etwa ab 1955 ein internationales Forschungsgebiet wurde, mußten die diagnostischen Probleme nicht nur im nationalen Bereich bewältigt werden, sondern man brauchte darüber hinaus eine psychiatrische Terminologie, die im internationalen Austausch eine Verständigung ermöglichte.

4.3 ICD-9

Eine Verbesserung der Reliabilität psychiatrischer Diagnosen wurde durch die Erstellung international verbindlicher Schemata versucht, deren wichtigstes Ergebnis gegenwärtig die seit 1979 in einer 9. Revision vorliegende ICD („International Classification of Diseases") ist. Mit dem baldigen Erscheinen einer ICD-10 ist zu rechnen, die allerdings grundlegende Veränderungen im Sinne des bereits erwähnten amerikanischen DSM III bringen wird.

Die ICD ist eine Klassifikation für alle Krankheitszustände, in der die psychischen Störungen nur einen kleinen Raum einnehmen. Das Ziel der ICD ist in erster Linie eine international vergleichbare Statistik über Morbidität und Mortalität, wie ihr vollständiger Name zeigt: „The International Statistical Classification of Diseases, Injuries and Causes of Death".

In der Psychiatrie hat die ICD-9 eine weit über das Statistische hinausgehende Bedeutung erlangt, weil mit der Hilfe von psychiatrischen Experten aus vielen Ländern ein zu dem Diagnosenschema gehöriges „Glossar" erarbeitet wurde. Nachdem die Psychiatrie in ihrem größten Arbeitsbereich auf die Beschreibung und typologische Ordnung der psychischen Störungen angewiesen ist und hier nicht über international eindeutige naturwissenschaftliche Daten verfügt, soll das Glossar den für die Verständigung notwendigen Bezugsrahmen bieten. Das Glossar bemüht sich um eine Ausklammerung ätiopathogenetischer Hypothesen, enthält aber doch noch einen allseits akzeptierten Kompromiß der in diesem Bereich bestehenden verschiedenen psychiatrischen Grundkonzeptionen und gehört nur ansatzweise zum „Operationalismus". Die ICD-9 erhöht durch Definitionen die Reliabilität der Diagnostik, trägt aber nichts Neues zur Validität bei und gibt das hypothetisch-somatologische Prinzip bei der Kategorisierung der psychischen Störungen noch nicht auf.

Kehren wir zu der Ausgangsfrage zurück, welche Impulse die forensische Psychiatrie aus den jüngsten Entwicklungen in der allgemeinen Psychiatrie erhalten kann, dann findet man in der ICD-9 ein mit sorgfältig bearbeiteten Definitionen festgelegtes System von psychiatrischen Diagnosen, welches auch in der forensischen Psychiatrie verbindlich sein sollte. Auch bei der Begutachtung wird dadurch die Reliabilität der Diagnosen verbessert, das bei manchen Sachverständigen beliebte Ausweichen auf psychopathologisch unverbindliche, tiefenpsychologische oder psychosoziale Begriffsbildungen wird eingeschränkt, der Beliebigkeit der vom Gutdünken des jeweiligen Gutachters abhängigen forensischen Beurteilung kann so etwas entgegengewirkt werden.

Die nachfolgende tabellarische Übersicht zeigt in der horizontalen Reihe A die Diagnosen der traditionellen nosologischen Psychiatrie und in der horizontalen Reihe B die dazu kongruenten syndromatischen Diagnosen der ICD-9. In dem Feld oberhalb der Diagnosen findet man die den jeweiligen Diagnosen zugeordneten Entstehungsbedingungen der psychischen Störungen, in dem Feld unterhalb die übliche Zuordnung zu den Rechtsbegriffen der §§ 20,21 StGB.

Ein wesentlicher Unterschied zwischen der nosologischen und der syndromatischen Diagnostik besteht darin, daß es in der syndromatisch orientierten ICD nicht nur bei den schädigungsbedingten (= somatogenen), sondern auch bei allen anderen Entstehungsbedingungen „Psychosen" gibt. Unabhängig von der Entstehungshypothese wird also allein auf den psychischen Befund gestützt zwischen einer leichten, nichtpsychotischen und einer schweren, psychotischen Störung unterschieden. Nach der Definition der ICD ist das entscheidende Kriterium für den psychotischen Charakter einer psychischen

Klinische Psychopathologie als Referenzsystem für die forensische Psychiatrie

	Vorrangig erlebnisbedingt			Vorrangig substratbedingt
Entstehungs-bedingungen:	Kurzfristige Belastung 1 →	Chronische Belastung 2 →	Frühkindliche Prägung 3 →	Anlagebedingt 4 →	Schädigungsbedingt 5 →
A Psychiatrische Zustands-diagnose:	(abnorme) Erlebnisreaktion	psychogene Störung	Neurose	Psychopathie (Charakterneurose)	Pseudopsychopathie, Psychose, Defekt, Demenz
Psychiatrische Verlaufs-diagnose:	Primitivreaktion, Kurzschlußhandlung	einfach (abnorm) erlebnisreaktive Entwicklung	neurotische Entwicklung	psychopathische Entwicklung	akute und chronische organische und endogene Psychosen
B Diagnosen der ICD:	1. akute Belastungs-reaktion ICD 308	chronische Belastungs-reaktion ICD 309	Neurosen ICD 300	Persönlichkeits-störung ICD 301	organische, schizophrene und affektive Psychosen ICD 290–296,
	2. reaktive Psychose ICD 298, 1/2/3	reaktive Psychose ICD 298,0	psychogene Psychose ICD 298,0/8	paranoide Psychose ICD 298 ICD 297,0/1/8	paranoide und para-phrene Psychosen ICD 297 (teilweise)
C Rechts-begriffe	1. Bewußtseinsstörung	Abartigkeit	Abartigkeit	Abartigkeit	krankhafte seelische Störung
	2. krankhafte seelische Störung	krankhafte seelische Störung	krankhafte seelische Störung	krankhafte seelische Störung	

Störung der Verlust des Realitätsbezugs.[10] Das aber ist ein für die forensische Beurteilung maßgebender Aspekt der psychischen Störung. Auf diese Weise bietet die ICD eine Methode, die besonders geeignet ist, den „juristischen Krankheitsbegriff" wohlbegründet zu berücksichtigen. Die problematische Entscheidung, ob eine „Abartigkeit" nur dekulpiert oder ob sie darüber hinaus auch exkulpiert, wird mit der Systematik der ICD erleichtert. Wenn eine „Abartigkeit" mit psychotischen oder psychoseartigen Störungen in Erscheinung tritt, dann läßt sie sich auch dem Rechtsbe-

---

[10] Diagnostisches und Statistisches Manual Psychischer Störungen DSM III (1984) (Deutsche Bearbeitung und Einführung von K. Köhler und H. Saß). Beltz, Weinheim Basel. In diesem Buch findet man auch die ICD-9.

Definitionen der ICD-9:

Psychosen: Psychiatrische Erkrankungen, in denen die Beeinträchtigung der psychischen Funktionen ein so großes Ausmaß erreicht hat, daß dadurch die Einsicht und die Fähigkeit, einigen der üblichen Lebensanforderungen zu entsprechen, oder der Realitätsbezug erheblich gestört sind.

Neurosen: Die Unterscheidung zwischen Neurose und Psychose ist schwierig zu definieren und bleibt umstritten, wird jedoch beibehalten, da sie allgemein gebräuchlich ist. Neurosen sind psychische Störungen ohne jede nachweisbare organische Grundlage, in denen der Patient beträchtliche Einsicht und ungestörte Realitätswahrnehmung haben kann und im allgemeinen seine krankhaften subjektiven Erfahrungen und Phantasien nicht mit der äußeren Realität verwechselt. Das Verhalten kann stark beeinträchtigt sein – obwohl es im allgemeinen innerhalb sozial akzeptierter Grenzen bleibt – aber die Persönlichkeit bleibt erhalten. Die wesentlichen Symptome umfassen: ausgeprägte Angst, hysterische Symptome, Phobien, Zwangssymptome und Depression.

Persönlichkeitsstörungen: Personen mit tief eingewurzeltem Fehlverhalten, das im allgemeinen zur Zeit der Adoleszenz oder früher erkennbar wird, die meiste Zeit während des Erwachsenenalters besteht, obwohl es häufig im mittleren und höheren Lebensalter weniger deutlich wird. Die Persönlichkeit ist abnorm entweder hinsichtlich der Ausgeglichenheit ihrer Komponenten, deren Qualität und Ausdrucksform oder hinsichtlich des Gesamtbildes. Unter dieser Abnormität oder Psychopathie leidet der Patient, oder andere haben darunter zu leiden, und es ergeben sich nachteilige Folgen für das Individuum oder die Gesellschaft.

griff der „krankhaften seelischen Störung" zuordnen, die die stärkere Tendenz zur Exkulpation in sich trägt. Die Kongruenz der Diagnosen der ICD und der Rechtsbegriffe ist in der tabellarischen Übersicht mit den Ziffern 1. und 2. verdeutlicht.

Die Entstehungsbedingungen psychogen/erlebnisbedingt oder somatogen/substratbedingt, deren Differenzierung in der „Behandlungspsychiatrie" mit Recht größte Beachtung findet und die wesentliche Grundlage der nosologischen Systematik ist, interessiert bei der Beurteilung der *Schuldfähigkeit* nicht. In der forensischen Psychiatrie hat diese Differenzierung nur bei Fragen der *Spezialprävention* Interesse, weil sie Aussagen zur Prognose und Therapie erlaubt.

Bei der Schuldfähigkeitsbeurteilung kann also auf die nosologische Diagnostik verzichtet werden. Ihre Darstellung in unserer tabellarischen Übersicht soll dem Juristen aber die Möglichkeit geben, die Argumentationen derjenigen Gutachter zu durchschauen, die ohne ICD mit der traditionellen Terminologie arbeiten und bei der Begutachtung manchmal – völlig überflüssigerweise und nur Verwirrung erzeugend – engagiert über die Genese einer psychischen Störung diskutieren. Ob man bei einer Persönlichkeitsstörung beispielsweise eine frühkindliche Prägung, eine anlagebedingte Disposition oder eine vor oder in der Geburt entstandene Hirnschädigung als Ursache annimmt, bleibt für die Beurteilung der Verantwortungsfähigkeit gleichgültig.

Abschließend läßt sich festhalten, daß die ICD-9 für die forensische Psychiatrie ein in mehrfacher Hinsicht geeignetes Diagnosenschema ist:

- Die Reliabilität der Diagnosen wird verbessert.
- Die syndromatische Diagnose bietet ein ganzheitlich geschlossenes psychopathologisches Bild, welches noch nicht durch Operationalisieren und Quantifizieren zerstört ist.
- Die Definitionen der ICD bieten forensisch relevante psychopathologische Unterscheidungskriterien für leichte und schwere psychische Störungen.

- Die Verabsolutierung der forensischen Bedeutung somatischer Befunde kann vermieden werden.

Es darf aber nie erwartet werden, daß aus der ICD-Diagnostik allein unmittelbar auf die Beeinträchtigung der Verantwortungsfähigkeit geschlossen werden kann. Die ICD-Diagnose ist lediglich eine wichtige Markierung im Vorfeld der nachfolgenden, unmittelbar auf die Verantwortungsfähigkeit gerichteten psychopathologischen Analyse. Sie wird im Kapitel 5 behandelt.

4.4 DSM III

Im Vergleich mit der ICD-9 hat sich das neueste, seit 1984 in deutscher Übersetzung vorliegende offizielle amerikanische Diagnosenschema DSM III noch weit stärker von allen ätiologischen und pathogenetischen Theorien entfernt. Für etwa 260 diagnostische Kategorien werden unter operationalem Leitgedanken Kriterien genannt. Um den Mangel der Bezugnahme auf vereinheitlichende geisteswissenschaftliche und naturwissenschaftliche Hypothesen auszugleichen, wurde ein „multiaxiales" Diagnosesystem eingeführt. Das heißt, neben den psychischen Diagnosen werden auf getrennten „Achsen" zusätzlich „körperliche Störungen", „schwere psychosoziale Belastungsfaktoren" und das „Niveau der sozialen Anpassung im letzten Jahr" genannt.

Die in den USA lange Zeit vorherrschende psychoanalytisch-psychodynamische Betrachtungsweise wird im DSM III praktisch nicht mehr berücksichtigt. Dies erscheint besonders bemerkenswert, nachdem die APA (Amerikanische psychiatrische Vereinigung) das DSM III offiziell anerkannt hat. In der offiziellen amerikanischen Psychiatrie ist damit die idiographisch deutende Methode der „neuen Psychiker" durch eine nomothetische Methode abgelöst worden, die dem Grundkonzept der „Somatiker" wieder erhöhte Geltung verschafft.

Der Vorteil der DSM III liegt in der Reliabilität der mit vordergründigen Untersuchungs- und Beobachtungsergebnissen festgelegten Diagnose. Auf diese Weise kann (auf einem erkenntnistheoretisch bescheidenen Niveau) ein wichtiger Beitrag zur internationalen Verständigung bei der psychiatrischen Forschung und bei der Dokumentation geleistet werden. Mit diesem System können auch Regeln für die Praxis der psychiatrischen Therapie festgelegt werden, die von einer diagnostisch formulierten Abgrenzung ausgehen, die einem realen gegenwärtigen Wissensstand Rechnung trägt und sich nur noch auf Theorien stützt, wenn diese gesichert oder unvermeidlich erscheinen. – Inwieweit die möglicherweise weltweit konkurrierenden DSM III und ICD-10 sich letztlich stärker durchsetzen werden, ist offen.

Kritisch ist zum DSM III zu vermerken, daß die Ganzheit des Psychischen zerstückelt wird. Die gerade im Bereich des Psychischen mit ihrer Bedeutung so eindeutig herausgearbeiteten Gestaltgesetze, etwa die von Figur und Hintergrund, kommen überhaupt nicht mehr ins Blickfeld. Der Vorwurf eines „elementaristischen Wissenschaftsverständnisses", das mit seinem Reduktionismus in der Psychopathologie am Wesentlichen vorbeigeht, drängt sich auf. Bei einem Vergleich mit den Diagnosen in der Medizin könnte man sagen, daß man sich damit begnügt, bei einer Lungentuberkulose Fieber, Husten und Gewichtsabnahme festzustellen, um mit Pyramidon, mit Codein und mit guter Kost behandeln zu können. Ähnlich gehen wir ja tatsächlich manchmal bei der Pharmakotherapie der psychischen „Zielsymptome" vor. Aber in der Medizin konnten die Probleme der Validierung eben durch den ständigen Zuwachs an somatologischen, pathogenetischen Kenntnissen überwunden werden, und gerade solche Kenntnisse fehlen in den hauptsächlichen Bereichen der Psychiatrie weitgehend.

Nun versucht man in einer an operationalen und quantifizierenden Prinzipien ausgerichteten Arbeitsweise durch eine computergestützte Auswertung der an den „Zielsymptomen" ermittelten Kenntnisse zu der Erfassung von größeren Einheiten vorzustoßen. Die Zielsymptome werden nun „Diagnosekriterien" genannt und aus ihrer Summierung wird eine „Diagnose". Ob und inwieweit diese Art von Diagnosefindung dem alten nosologischen Konzept überlegen ist, ist noch umstritten.

Ein zweifelsfreier Vorteil ist die Verbesserung der Objektivität, Reliabilität und einheitlichen Dokumentation psychiatrischer Befunde. Aber wie steht es mit der *Validität?* Die Wirkung von bestimmten Pharmaka auf bestimmte psychische Zielsymptome stützt die Vermutung einer Einflußnahme auf analoge somatische Funktionsstörungen. Berücksichtigt man dazu die außerordentlichen Möglichkeiten der modernen Rechner, dann ist vorstellbar, daß psychopathologische Einheiten gefunden werden, die – von welcher somatologischen Grundlage auch immer sie sein mögen – als Zielsyndrome einer sinnvoll eingesetzten Therapie dienen können. Ob man diese „Diagnosen" als Krankheitseinheiten ansehen soll, kann offen bleiben. Die Validierung der Diagnosen bliebe dann – unter den vorgenannten und anderen Aspekten – eine ständig neu zu überprüfende und zu ergänzende Aufgabe einer nie abschließbaren Forschung.

Der Hinweis darauf, daß die Forschung nie abschließbar ist, ist noch keine Kritik, sondern zeigt eine Analogie zur medizinisch-naturwissenschaftlichen Forschung. Aber es gibt doch auch Unterschiede. In der medizinisch-naturwissenschaftlichen Forschung werden bestehende Erkenntnisse durch neue Erkenntnisse ergänzt oder abgelöst, bei der operationalen Methode in der Psychiatrie werden bestehende Erkenntnisse lediglich „umgeformt". Vergleichsweise kann man sagen, daß die medizinisch-naturwissenschaftliche Methode eine trübe Flüssigkeit zu klären versucht, während die operationale Methode in der Psychiatrie die trübe Flüssigkeit lediglich in unterschiedliche Gefäße umgießt. Neu zu bestimmen ist dann jeweils die durch das neue Gefäß bedingte Veränderung der Flüssigkeitsmenge, der Flüssigkeitsdichte, der Lichtdurchlässigkeit usw. Wenn man sich in einer Konvention auf die Gültigkeit des neuen Gefäßes geeinigt hat, dann sind die neuen Daten zuverlässige Kriterien für die Reliabilität der Flüssigkeitsbeurteilung. Aber die Flüssigkeit bleibt trübe.

Solange aber in der Psychiatrie weiterhin ganz vorwiegend mit Hilfe klinischer Beschreibungen diagnostiziert, klassifiziert und kategorisiert werden muß, kann der Nutzen operationalisierter Kriterien und reliabler Diagnosen nicht negiert werden – jedenfalls nicht für die *Dokumentation und internationale Verständigung in der Psychiatrie*. Mit dem System der „multiaxialen" Diagnostik des DSM III wird auch die Einengung der Behandlung auf eine Pharmakotherapie von Zielsymptomen und Zielsyndromen beseitigt und der Weg für eine „mehrschichtige" Therapie vorgezeichnet. Diese wurde allerdings in der nervenärztlichen Praxis schon seit langem ganz unabhängig von DSM III geübt.

Die unbestreitbaren Vorteile des DSM III beschränken sich im wesentlichen auf die allgemeine Psychiatrie, die wir hier nach dem Schwerpunkt ihrer Aufgaben auch „Behandlungspsychiatrie" genannt haben. An den für die forensische Tätigkeit maßgebenden speziellen Fragen der „Beurteilungspsychiatrie" geht das DSM III dagegen vorbei. Dies soll nachfolgend näher erörtert werden.

4.5 Operationale Methoden in der forensischen Psychiatrie

Schon vor 20 Jahren wurde, dem Bedürfnis nach einer objektivierenden Dokumentation in der Psychiatrie folgend, die AMDP (Arbeitsgemeinschaft für Methodik und Dokumentation in der Psychiatrie) gegründet. Bei den Ratingskalen der AMDP wie bei der DSM III und ICD-10 durchmischen sich phänomenologisch-deskriptive Begriffe der „alten" Psychopathologie mit dem quantifizierenden Operationalismus der „neuen" Psychiatrie. In dem eingangs genannten Arbeitspapier der Psychiatriereferenten des Bundes und der Länder (Anm. 3, S. 10) wurde das wissenschaftliche Niveau der forensischen Psychiatrie in Hinblick darauf kritisiert, daß sie von der Entwicklung dieser Methoden in der allgemeinen Psychiatrie – dort sind sie zweifellos beherrschend geworden – bisher keine

Kenntnis genommen habe. Ist diese Kritik nur formal oder auch in der Substanz berechtigt? Sozusagen erstmals war 1983 in einem Symposion der forensischen Psychiatrie in Kiel von Psychiatern, Psychologen und Juristen die Frage der Quantifizierung in der forensischen Psychiatrie erörtert worden.[11] Aus juristischer Sicht wird die Absicht der Quantifizierung forensisch-psychiatrischer Aussagen von denjenigen Autoren begrüßt, die die Frage nach der „freien Willensbestimmung" dadurch umgehen wollen, daß sie eine quantitative Abweichung von der Psyche des Normalen zum Beurteilungskriterium für die Einschränkung der Schuldfähigkeit im Strafrecht machen wollen.

Schöch[11] formuliert, daß die Feststellung „des Zurückbleibens hinter dem Maß an Rechtsgesinnung und Willenskraft, das von einem durchschnittlichen Menschen erwartet wird" verlangt ist. Schreiber (s. Anm. 4 und 7 von S. 10 und 32) begründet sein „pragmatisch, sozial vergleichendes Schuldurteil" mit der normalen Motivierbarkeit durch soziale Normen. „Das Recht geht von ihr generell aus und macht ein Zurückbleiben hinter seinen für den Durchschnittsfall aufgestellten Anforderungen zum Vorwurf." Der Autor hat an anderer Stelle die inneren Widersprüche dieses Konzepts dargelegt. Bei den Prämissen des Schuldstrafrechts ist mit dem quantitativen Kriterium der sozialpsychologischen Abweichung vom Durchschnittsfall das Problem der Beurteilung der Schuldfähigkeit nicht zu lösen.

Tritt man theoretisch der Frage näher, ob sich vielleicht nach dem Muster des Intelligenzquotienten ein Zahlenwert für eine globale Normabweichung der Persönlichkeit errechnen ließe, dann würden einer solchen Aufgabe keine grundsätzlich unüberwindbaren Schwierigkeiten entgegenstehen. Mit einer gewissen Analogie zur psychometrischen Untersuchung der Intelligenz gibt es bereits quantifizierende faktorenanalytische Untersuchungen von Persönlichkeitszügen (Eysenck,

---

[11] Wegener H (1983) Einleitung. Vorüberlegungen zum Tagungsthema; Schöch H (1983) Die Beurteilung von Schweregraden schuldmindernder oder schuldausschließender Persönlichkeitsstörungen aus juristischer Sicht. Mschr Krim: 66: 326-327.

Cattell, Guilford), die z. B. bei der Ermittlung der Varianz Extraversion–Introversion und Stabilität–Neurotizismus eine in diesem Bereich objektive Feststellung treffen können. Tatsächlich gibt es auch psychiatrische Meßinstrumente, die der Aufdeckung universaler Abweichungskoeffizienten dienen sollen, wie z. B. die Clinical Global Impressions (CGI) und die Global Adjustment Scale (GAS). Nach Rösler u. Hengesch[12] kann heute „unter Verwendung operationalisierter Diagnoseformeln, standardisierter Untersuchungstechniken und rechnergestützter Erzeugung von psychopathologischen Syndromkennwerten [...] die Position eines Individuums im Hinblick auf einen bestimmten Merkmalsraum vor dem Hintergrund diverser Vergleichspopulationen ausreichend verläßlich und objektiv beschrieben werden". Man müßte dann nur noch durch eine juristisch-psychiatrische Übereinkunft festlegen, bei welchen Meßwerten und ab welcher Meßzahl die §§ 20 oder 21 StGB angewendet werden sollen.

Daß mit einer solchen Methode das Problem der Beurteilung der Schuldfähigkeit nicht gelöst werden kann, läßt sich am Beispiel der quantitativen Intelligenzmessung verdeutlichen. Ohne auf Einzelheiten einzugehen, kann hier festgehalten werden, daß die psychometrischen Testverfahren einen sehr zuverlässigen Zahlenwert für die globale Normabweichung der Intelligenz in bezug auf eine Vergleichspopulation liefern können. Die Zahlen 90–110 entsprechen dann der Durchschnittsnorm, die Zahlen 70–80 zeigen den Grenzbereich zum Schwachsinn, Werte unter 70 leichten Schwachsinn und Werte unter 50 schweren Schwachsinn an. Nun könnte man konventionell z. B. festlegen, daß bei Werten von 70–80 dekulpiert, bei Werten unter 70 exkulpiert wird.

---

[12] Rösler M, Hengesch G (im Druck) Dokumentation in der Forensischen Psychiatrie. (Referat bei der frankophonen Gruppe der Arbeitsgemeinschaft für Methodik und Dokumentation in der Psychiatrie am 26. September 1987 in Rouffach/Alsace).

An den maßgeblichen Fragen nach der Beeinträchtigung des Realitätsbezugs, und zwar in Hinblick auf eine in ganz bestimmter Weise strukturierte Situation, ginge eine solche konventionelle Beurteilung vorbei. Nach Gesetz und Gewohnheit wird die Beeinträchtigung des Realitätsbezugs mit den Bezeichnungen „Einsichtsfähigkeit" und „Steuerungsfähigkeit" in eine rationale und eine affektive Komponente zerlegt. Die Prüfung dieser „Fähigkeiten" in bezug auf eine bestimmte Situation kann von einem quantitativen Verfahren nicht geleistet werden. Meßzahlen für Normabweichungen der Intelligenz und der Persönlichkeit können zwar ein wesentlicher Beitrag zur Bejahung der im Gesetz genannten Merkmale „Schwachsinn" und „schwere seelische Abartigkeit" sein, die psychologisch-psychiatrische Untersuchung der Einschränkung von „Fähigkeiten", deren Auswirkung bei der Beurteilung der Einsichts- und Steuerungsfähigkeit *in bezug auf eine bestimmte Handlung* beurteilt werden soll, beginnt dann aber erst.

Manchmal kann auch „Quantität" das Problem lösen, nämlich dann, wenn Ausmaß und Intensität der quantitativen Veränderungen so erheblich sind, daß daraus eine generalisierte qualitative Veränderung wird. Die Fragen nach Einsichts- und Steuerungsfähigkeit unter Bezugnahme auf eine bestimmte Situation erübrigen sich dann, beispielsweise beim hochgradigen Schwachsinn oder beim Verlust praktisch aller geistigen Fähigkeiten einer fortgeschrittenen Demenz. Es fehlt dann auf Dauer völlig der Realitätsbezug, wie er in der akuten Psychose oder bei schwerer Bewußtseinsstörung vorübergehend verloren gehen kann. Aber um solche psychopathologischen Zustände festzustellen, bedarf es keiner aufwendigen Methodik, es genügt die unmittelbare Wahrnehmung des spontanen und reaktiven Verhaltens des Kranken.

DSM III und wahrscheinlich auch ICD-10 können in der forensischen Psychiatrie bei der Dokumentation nützlich sein, gehen aber an den hier wesentlichen Problemen vorbei. Für die forensische Psychiatrie bietet die ICD-9 mehr Vorteile. Dies schließt aber noch nicht aus, daß auch die neueren Diagnosenschemata im Vorfeld der Problemlösungen nutzbar gemacht werden können. Versuche dazu gibt es in jüngster Zeit. 1984/86 wurde von Nedopil ein forensisch-psychiatrisches Dokumentationssystem (FPDS) erarbeitet, welches nach seiner Mitteilung von 1987[13] jetzt auch in einer Kurzform mit Glossar vorliegt. Im FPDS ist auch ein Platz für die DSM-III-Diagnose mit ihren 5 „Achsen" sowie für die Global Adjustment Scale (GAS) vorgesehen.

Sieht man die Langform des FPDS vom Mai 1986 durch, dann findet man einen mit 512 Items sehr sorgfältig vorbereiteten, mehrseitigen Fragebogen, dessen Datensammlung als wertvolle biographische und kriminologische Dokumentation unmittelbar einleuchtet. Die Merkmalsammlung zum psychischen Befund erscheint dem Autor demgegenüber als ein umfangreicher „Datenfriedhof", der als solcher nichtssagend ist, allenfalls im Rahmen einer strukturierten, in sich geschlossenen psychopathologischen Befundbeschreibung einen sehr bescheidenen Dokumentationswert erhalten kann. Die Annahme, mit dem FDPS eine operationalisierte Entscheidung für die Beurteilung der juristisch gefragten Schuldfähigkeit vorlegen zu können, ist ein methodologischer Irrtum.

Kritisch sei noch vermerkt, daß auf der letzten Seite des Fragebogens für die „forensisch-psychiatrische Beurteilung der Schuldfähigkeit" Formulierungen verwendet worden sind, die nicht nur sprachliche Mängel, sondern ein Mißverständnis des Rechtsbegriffs der Schuldfähigkeit erkennen lassen. Ob die §§ 20 und 21 „vorhanden" sind oder nicht, wird der Sachverständige nicht gefragt. Er ist nach dem Vorhandensein der psychologisch-psychiatrischen Voraussetzungen dieser Rechtsbestimmungen gefragt. Dies mag man als lediglich sprachlich mißlungene Kurzformel noch hinnehmen. Aussagen wie: § 20 oder § 21 sind „nicht ausschließbar"

---

[13] Graßl P, Mende M (1988) Bericht über die 2. Tagung „Dokumentation in der forensischen Psychiatrie" (am 11.12.1987 in München). Mschr Krim 71: 3,196.
Dem Autor liegt die „2. Fassung Mai 1986 des FPDS-Langform" (Nedopil) vor, die er von der forensisch-psychiatrischen Abteilung der Psychiatrischen Klinik der Universität München erhalten hat. Die Publikation einer Kurzform des FPDS ist ihm nicht bekannt geworden.

gehen aber an der Erkenntnismöglichkeit und Aufgabe des Sachverständigen und am Inhalt des Rechtsbegriffs vorbei. Solche Formeln sind zwar bequem und mancherorts in der Rechtsprechung auch beliebt. Man sollte sie trotzdem vermeiden, weil sie die Verbreitung eines Erkenntnisirrtums begünstigen.

Mit den kritischen Bemerkungen soll der beachtliche biographisch-kriminologische Dokumentationswert des FPDS nicht geschmälert werden. Der jetzt nutzlose psychologische „Datenfriedhof" wird wahrscheinlich durch das geplante „Modulsystem", mit dem spezifische forensische Einzelfragen erfaßt werden sollen, eine begrenzte Brauchbarkeit erhalten können. In diesem Zusammenhang ist bei der Erfassung der Persönlichkeitsstörungen auf das „psychopathologische Referenzsystem" von Saß[14] hinzuweisen, welches sich um eine Kompensation des „elementaristischen" Vorgehens bemüht und den Weg für eine „ganzheitliche" Psychopathologie offenhält. Beachtlich ist auch ein Versuch von Rösler[15], die statistisch wertvollen und übersichtlichen Zielkriterien mit phänomenologischen Begriffen zu verschmelzen, die das menschliche Erleben umfassender und in organisatorischen Zusammenhängen darstellen.

Die wissenschaftliche Bearbeitung eines jeden Sachgebiets braucht die *ihren* Fragestellungen angemessenen Methoden. Art und Umfang der psychischen Normabweichungen eines Menschen und die mit der Normabweichung verbundenen dauerhaften oder vorübergehenden Veränderungen seiner „Fähigkeiten" lassen sich mit den operationalen, quantifizierenden Methoden der „neuen" Psychiatrie erfassen. Bei der Objekti-

---

[14] Saß H (1985) Der Beitrag der Psychopathologie zur forensischen Psychiatrie – Vom somatologischen Krankheitskonzept zur psychopathologischen Beurteilungsnorm. In: Janzarik W Psychopathologie und Praxis. Enke, Stuttgart.
Saß H (1987) Psychopathie – Soziopathie – Dissozialität. Springer, Berlin Heidelberg New York.
Siehe auch Anm. 11.
[15] Rösler M (1988) Entwicklungsmöglichkeiten des phänomenologischen Ansatzes in der psychiatrischen Dokumentation. Forensia 9: 175-182.

vität und Reliabilität der Diagnosen und der dazugehörigen Dokumentation ist die „neue" der „alten" Psychiatrie offenbar überlegen. Obgleich die Frage der Validität dadurch kaum weitergebracht wird, ist der Vorteil der Diagnostik auch bei der Therapie in der *allgemeinen* Psychiatrie von großem Wert. Aber für die zentralen Fragestellungen der *forensischen* Psychiatrie:

- Wie hat sich die Veränderung der „Fähigkeiten" eines Menschen auf seine sog. Einsichts- und Steuerungsfähigkeit in bezug auf eine ganz bestimmte Situation ausgewirkt?
- Wie ist unter den gegebenen Umständen der Mensch nicht nur als Objekt, sondern als spontan handelndes Subjekt zu beurteilen?

bringt die Methodik der neuen Psychiatrie keinen Erkenntnisgewinn. *Zur Bearbeitung dieser Fragestellungen der forensischen Psychiatrie sind andere Methoden erforderlich.*

5 Die psychopathologische Problemlösung der forensischen Psychiatrie

5.1 Verantwortungsfähigkeit und Realitätsbezug

Für jedermann ist offenbar, daß dem (kleinen) Kind, dem (erheblich) Schwachsinnigen, dem Geisteskranken und dem dementiell (erheblich) abgebauten Greis die zur rechtlichen Haftung erforderliche Verantwortungsfähigkeit fehlt. Der Betrachter braucht keinerlei psychologische oder psychiatrische Kenntnisse, er erlebt bei der Begegnung mit den genannten Personen die Unfähigkeit zur Übernahme rechtlicher Verantwortlichkeit mit unmittelbarer Evidenz, auch wenn er die aus seiner Sicht ganz eindeutige Beurteilung nicht näher begründen kann. Was er erfaßt, ist das Fehlen des zur Verantwortungsfähigkeit erforderlichen *Realitätsbezugs*. Das Kind muß diesen Realitätsbezug in fortschreitender geistiger Entwicklung noch erwerben, dem Schwachsinnigen fehlen die Voraussetzungen zu einer solchen Entwicklung, der Geisteskranke hat den Realitätsbezug durch eine Krankheit für kürzere oder längere Zeit, aber meist nur vorübergehend, der dementielle Greis durch geistigen Abbau auf Dauer verloren.

Die in Klammern gesetzten Ergänzungen „klein" und „erheblich" weisen darauf hin, daß das Vorhandensein des Realitätsbezugs keinem Alles-oder-nichts-Gesetz folgt, daß es vielmehr ein mehr oder weniger in quantitativen Abstufungen gibt. Wenn Verantwortungsfähigkeit vom Realitätsbezug abhängt, dann muß es auch hier Abstufungen von geringer zu erheblicher Einschränkung bis zum Ausschluß des Realitätsbezugs geben. Wie soll nun das Maß des Realitätsbezugs ermittelt werden, welches für die verantwortliche Teilnahme am sozialen Leben erforderlich ist?

Beim heranwachsenden Menschen wird das zur Verantwortungsfähigkeit erforderliche Maß des Realitätsbezugs mittelbar auf dem Umweg über das Lebensalter festgelegt, und zwar für verschiedene Rechtsgebiete je nach den dort gestellten Anforderungen verschieden. Individuelle Unterschiede der geistigen Entwicklung können nur sehr begrenzt berücksichtigt werden. Man opfert weitergehende individuelle Unterscheidungsmöglichkeiten der Rechtssicherheit, die durch die „harten Daten" des Lebensalters gewährleistet wird.

Ist das 18. Lebensjahr vollendet, dann wird der zur Verantwortungsfähigkeit erforderliche Realitätsbezug unterstellt, und nur noch „psychische Störungen" von der vorstehend genannten Art können rechtlich der Anlaß zur Überprüfung der Verantwortungsfähigkeit sein. Nachdem jedermann die Verantwortungsfähigkeit nach dem unmittelbar erlebten Ausmaß der Einschränkung des Realitätsbezugs beurteilt, wird sich eine genauere „wissenschaftliche" Untersuchung auch damit beschäftigen müssen, inwieweit durch eine psychische Störung der Realitätsbezug beeinträchtigt ist. Das ist in einfachster Formulierung nach dem „sozialen Hausverstand des mündigen Bürgers" die Aufgabe der forensischen Psychiatrie.

Der hier angesprochene Realitätsbezug ist eine *psychische* Beziehung des Menschen zu seiner Umwelt. Körperliche Störungen oder Schädigungen, so schwer sie auch sein mögen, beeinträchtigen den Realitätsbezug nur durch mit ihnen verbundene oder durch sie hervorgerufene *psychische* Störungen. Aus der Quantität körperlicher Störungen (oder Schädigungen) könnte man nur dann auf die Quantität der Einschränkung des Realitätsbezugs schließen, wenn es zwischen körperlicher und psychischer Störung eine gesetzmäßige Verbindung gäbe. Dies ist nicht der Fall. Auch dann wäre die körperliche Untersuchung noch ein mittelbarer Weg, und man muß sich fragen, warum nicht der unmittelbare psychologische Weg bevorzugt werden soll.

Man kennt allerdings in gewissen Grenzen, wenn auch nicht gesetzmäßige, so doch regelhafte Beziehungen zwischen körperlichen und seelischen Störungen. Beispielsweise zeigt die am Blutspiegel meßbare Alkoholvergiftung solche regelhaften Beziehungen zu der alkoholbedingten psychischen Störung. Die Erforschung der regelhaften Beziehungen zwischen körperlichen und psychischen Störungen sind das Hauptthema der Psychiatrie, und dies begründet ihre Zugehörigkeit zur Medizin. Die Kenntnis der medizinischen Forschungsergebnisse in der Psychiatrie ist für die Krankenbehandlung von größter Bedeutung. Bei der Beurteilung der psychischen Einschränkung des Realitätsbezugs ist sie aber stets nur ein „Indiz" dafür, daß vermutlich oder wahrscheinlich in diesem Sinne relevante psychische Störungen vorliegen. Ausschlaggebend bleibt beim körperlichen „Indiz" immer der psychologische Befund, wie sich speziell am Beispiel der Alkoholvergiftung leicht zeigen läßt.[16]

Die Krankheitslehre der traditionellen nosologischen Psychiatrie hat einen sehr allgemeinen und umfassenden Aspekt des gestörten oder verlorenen Realitätsbezugs mit dem Begriff der „Sinngesetzlichkeit" erfaßt.

Unser inneres Erleben und äußeres Verhalten lassen bei ihrer Beziehung zur Wirklichkeit der uns umgebenden Welt eine Ordnung erkennen, deren Kriterium „Sinn" ist und die deshalb „Sinnordnung" genannt wird. Die Sinnordnung und ihre Störungen können psychologisch mit Hilfe des „Verstehens" erkannt und definiert werden. Die Traurigkeit der Mutter

---

[16] Eine seit 1985 maßgeblich von H. Salger in der Rechtsprechung des 4. Strafsenats des BGH vertretene Tendenz, dem Blutalkoholspiegel bei der Beurteilung der Schuldfähigkeit höhere Bedeutung als den psychologischen Befunden einzuräumen, hat nachhaltigen Widerspruch in der Rechtsmedizin und forensischen Psychiatrie gefunden: Schewe (1987) in *JR* 179; Gerchow (1986) in *Forensia*: 155, 162; Haddenbrock, Witter und Luthe/Rösler in *Mschr Krim* 71:6, 402, 1988. Die Auseinandersetzung zeigt in ausführlicher Argumentation, daß der somatische Befund lediglich eine „indizielle" Bedeutung hat. – Von juristischer Seite hat sich kritisch Blau geäußert. Der 1. Strafsenat des BGH hat diesem Widerspruch Rechnung getragen (St,V 1988, 482 = BA 1988,403 mit Besprechung von Blau: BA 1989, 1); der 4. Strafsenat setzt bisher seine verfehlte Rechtsprechung fort (4. Str.S., NStZ 1989, 17 und StV 1989, 14).

nach dem Tod des Kindes ist eine „verstehbare", „sinnvolle" Erlebnisreaktion. Auch Befriedigung nach dem Tod des Kindes kann noch eine verstehbare und sinnvolle Erlebnisreaktion sein, wenn das Kind aus irgendwelchen Gründen unerwünscht, ungeliebt oder gar verhaßt war. Es taucht hier aber schon der Verdacht einer psychischen Störung der Mutter auf, der durch die nähere Untersuchung der situativen und persönlichkeitsabhängigen Genese der „abnormen" Erlebnisreaktion mehr oder weniger bestätigt oder negiert werden kann. Wenn die Mutter den Tod des Kindes aber für ein eindeutiges Signal des drohenden Weltuntergangs hält, also einen Wahn zeigt, dann ist dies „nicht verstehbar" und „sinnlos". – Nun darf die Analyse nicht beim inhaltlichen Aspekt der Wahnbildung stehen bleiben, denn allein darauf gestützt, könnte das Vorkommen von Sinnlosigkeit im psychischen Leben generell verneint werden. Psychische Phänomene, die inhaltlich ohne jeden Sinnbezug sind, gibt es nicht. Es kommt hier aber auf den *formalen Aspekt der Sinnordnung* an. Die ermittelten subjektiven Inhalte des Individualfalls müssen in einer Abstraktion auf ein objektives *formales* Kriterium reduziert werden, dessen Generalisierung über den Einzelfall hinaus die Auflösung oder Zerstörung der „Sinngesetzlichkeit" im allgemeinen feststellen läßt. So werden beispielsweise die unterschiedlichen subjektiven Inhalte von Größen-, Verfolgungs- oder Liebeswahn als formales Kriterium auf den allen gemeinsamen Begriff „Wahn" reduziert.

Was der Laie als Verlust des Realitätsbezugs beim Geisteskranken intuitiv erfaßt, wird in der wissenschaftlichen Psychiatrie mit dem Begriff der Sinngesetzlichkeit methodisch genauer angegangen und definiert. Das nosologische System der traditionellen Psychiatrie ist so aufgebaut, daß fehlende Sinngesetzlichkeit (= Verlust des Realitätsbezugs) als Kriterium für die Trennung von „Krankheiten" und „Variationen" dient. Nach diesem System konnte bei bestimmten Diagnosen in der Regel mit einem Verlust des Realitätsbezugs und dementsprechend mit Verantwortungsunfähigkeit gerechnet werden. Eine genauere Überprüfung dieser Annahme konnte bei der Beurteilung des Einzelfalls mit der psychologischen Methode des Verstehens versucht werden.

Dieses Grundkonzept der psychopathologischen Beurteilung war und bleibt in der forensischen Psychiatrie brauchbar. Es geriet dadurch auf Abwege, daß die dualistische somatopsychische Hypothese, die in der allgemeinen Psychiatrie als eine unverzichtbare Grundlage größtes Gewicht hat, auch in der forensischen Psychiatrie in einer hier ganz und gar unangemessenen Weise in den Vordergrund gerückt wurde. Dies wurde bereits auf Seite 21 erörtert.

In der forensischen Psychiatrie wurde nun der Versuch gemacht, durch eine von der dualistischen somatopsychischen Hypothese gelöste psychopathologische Syndromlehre eine zuverlässigere und überdies quantitativ abgestufte Beurteilung der Beeinträchtigung des Realitätsbezugs zu finden.[17] Die Bemühung hat wenig Beachtung gefunden und die forensisch-psychiatrische Syndromlehre wurde nur von wenigen Vertretern der forensischen Psychiatrie in der gerichtlichen Praxis eingesetzt. Sie wurde aber rund 10 Jahre nach ihrer Publikation zum Ausgangspunkt des „strukturalen Systems der Psychopathologie" von Luthe[18], mit dem in der forensischen Psychiatrie eine neue Problemlösung von besonderer Schlüssigkeit angeboten wird.[19,20]

Die nachfolgenden Ausführungen zur psychopathologischen Problemlösung bringen eine stark verkürzte und vereinfachte Darstellung dieser „forensischen Psychopathologie". Damit soll ein erster Einblick in die Konzeption gegeben und ihr Verständnis erleichtert werden. Die Exemplifizierung der Konzeption an der Untersuchung und Beurteilung des Einzelfalls muß in den Originaldarstellungen von Lüthe nachgelesen werden. Bei voller Bejahung des Konzepts im Grundsätzlichen

---

[17] Witter H (1963) Methodologische Probleme der Psychiatrie. Fortschr Neurol Psychiatr 31: 491-514.
Witter H (1970) Grundriß der gerichtlichen Psychologie und Psychiatrie. Springer, Berlin Heidelberg New York. (Zur Syndromlehre s. insbesondere S. 95-105).

[18] Luthe R (1982) Das strukturale System der Psychopathologie. Springer, Berlin Heidelberg New York Tokyo.

[19] Luthe R (1988) Forensische Psychopathologie. Springer, Berlin Heidelberg New York Tokyo.

[20] Luthe R (1989) Der psychische Befund. Methodische Anleitung zur Erfassung psychopathologischer Erscheinungsbilder. Springer, Berlin Heidelberg New York Tokyo.

vertritt der Autor in Detailfragen eine Relativierung der Anwendbarkeit in foro.

5.2 Strukturale Psychopathologie

Der Mensch als psychische Einheit auf der einen und die Umwelt als gegenständliche Einheit auf der anderen Seite sind der Daseinsbereich, in dem der Realitätsbezug des Menschen zu seiner Umwelt untersucht werden kann. Es handelt sich bei diesen „Einheiten" um künstliche Abstraktionen, denn tatsächlich gibt es Menschen nur mit und in ihrer Umwelt, man könnte auch sagen als „Bestandteil der Welt". Aber wir brauchen diese Abstraktionen, um uns über den Sachverhalt „Realitätsbezug" verständigen und um ihn untersuchen zu können.

Um die psychische Einheit Mensch beschreiben zu können, müssen wir sie in „Teile" zerlegen, die wiederum nur Kunstprodukte unserer Arbeitsmethode, aber als soche unentbehrlich sind. Es gibt sehr viele psychologische Begriffssysteme, die mit jeweils verschiedenen Zielsetzungen die psychische Einheit in „Teile" aufgliedern, um einen bestimmten Aspekt des Seelischen erfassen, darstellen und untersuchen zu können. Für unsere Zwecke genügt die denkbar einfache, für jedermann verständliche Aufgliederung des Psychischen in die Funktionen des Antriebs, des (rationalen) Denkens, des (affektiven) Fühlens und des Wahrnehmens.[21]

Das Wahrnehmen – mittels Sehen, Hören, Tasten, Riechen, Schmecken – stellt die Verbindung zwischen der als selbständig vorgestellten psychischen Einheit Mensch und seiner gleichfalls als selbständig vorgestellten Umwelt her und konstituiert so einen Vorgang, den wir *Erleben* (synonym: Bewußtsein) nennen. Ohne Wahrnehmen gibt es kein Erleben. Auch wenn

---

[21] Siehe Witter H (1970) Grundriß der gerichtlichen Psychologie und Psychiatrie. Springer, Berlin Heidelberg New York; insbesondere Übersichtsschema, S. 14, sowie S. 27-73.

wir mit geschlossenen Augen mit hoher Konzentration über etwas nachdenken und dabei neben dem Sehen auch Hören, Tasten, Schmecken und Riechen sozusagen abgeschaltet haben, bleibt das „innerpsychische" Nachdenken von der Vorstellung oder Erinnerung vorangegangener „äußerer" Wahrnehmungen abhängig. Theoretisch kann man sich die Wahrnehmung als eine Art Brücke zwischen der Abstraktion Mensch auf der einen und der Abstraktion Welt auf der anderen Seite vorstellen.

Die Psychologie und Psychopathologie der Wahrnehmung bietet auf diese Weise die Möglichkeit, den Realitätsbezug und seine Normabweichungen zu analysieren und zu explizieren. Fälschlich wird die Wahrnehmung meist so aufgefaßt, als ob die ein für allemal objektiv feststehende Welt der Außendinge in uns so wie in einem Fotoapparat abgebildet werde. Die Richtigkeit der Abbildung entscheide so über die Richtigkeit der Erkenntnis der Außenwelt. Tatsächlich werden aber bei jeder Wahrnehmung die objektiven Außendinge nicht nur passiv aufgenommen, sondern von der Spontaneität des Subjekts aktiv gestaltet. Die Wahrnehmung hängt also nicht nur davon ab, wie die *Dinge* sind, sondern auch davon wie *wir selbst* sind. Insofern kann man sagen, daß jede Wahrnehmung eine „zweigliedrige" Determination hat. Ein Glied geht vom wahrgenommenen Objekt zum wahrnehmenden Subjekt, ein zweites in umgekehrter Richtung. Auch diese „Glieder" sind wiederum nur Kunstprodukte unserer Untersuchungs- und Erklärungsmethode und nicht etwa tatsächlich existierende Gegenstände.

Wenn ich beim Sonntagsspaziergang mit meiner Frau ein Auto neben einem Blumenbeet stehen sehe, dann nehme ich vorrangig das Auto, meine Frau vorrangig das Blumenbeet wahr. Mit der spontanen Aktivität unseres Antriebs treffen wir also unter dem gleichartigen Angebot an Außendingen eine verschiedenartige Auswahl. Aber nicht nur das, wir verändern darüber hinaus die Erscheinung der Außendinge insofern, als für mich das Auto zur „Figur" wird, vor einem diffusen

„Hintergrund", zu dem unter anderem auch ein Blumenbeet gehört. In der Wahrnehmung meiner Frau ist das Blumenbeet „Figur", und das Auto gehört zum diffusen „Hintergrund".

Zu Hause angekommen, setze ich die schon beim Anblick des Autos begonnene Überlegung fort, ob ich mein altes Auto durch ein neues Fahrzeug des gesehenen Typs ersetzen soll, und erwäge technische und wirtschaftliche Gründe und Gegengründe für eine solche Entscheidung. Meine Frau überlegt indessen, ob die Anlage eines gleichartigen Blumenbeets in ihrem Garten angesichts des ästhetischen Gewinns auch wirtschaftlich vertretbar sei.

Das einfache Beispiel soll bis hierhin zeigen, daß das Erleben nicht aus der Bildaufnahme der Außendinge und der innerpsychischen Verarbeitung dieser Bildaufnahme „zusammengesetzt", sondern ein einheitlicher, ganzheitlicher Vorgang ist. Dieser Vorgang wird von der Spontaneität des Subjekts in Gang gesetzt, das Subjekt wählt unter der Vielfalt der Außendinge aus und gestaltet ihr Aussehen, es gliedert die rational und affektiv hergestellte Erkenntnis der Außendinge in die Einheit seines bereits vorhandenen Wissens-, Erfahrungs- und Interessenbestands ein. Dabei wird in einer Wechselwirkung einerseits die Art der Wahrnehmung des Außendinges beeinflußt und andererseits die schon vorbestehende Einheit der Psyche durch Erfahrungszuwachs modifiziert. Das Beispiel vom Auto und Blumenbeet ist ein winziger Ausschnitt aus der allgegenwärtigen Entwicklung und Wandlung der Persönlichkeit durch die subjektiv-objektiv gestaltete Erfahrung des Erlebens.

Wir erkennen auf diese Weise im Vorgang des Erlebens zwei unterscheidbare psychische Funktionen: Eine „Gegenstandsfunktion", die in der Vielfalt der Außendinge eine Differenzierung vornimmt, und eine „Bedeutungsfunktion", die das Differenzierte in die Einheit des Subjekts integriert. Wir werden nachher sehen, daß mit der Spontaneität des Subjekts, der Funktion der Differenzierung und der Funktion der Integrierung eine allgemeingültige psychologische Struktur des

Erlebens erfaßt wird, aus der sich alle psychopathologischen Phänomene als Defizienz der Gegenstands- und Bedeutungsfunktion ableiten lassen. Dabei kann einmal vorrangig die Gegenstandsfunktion, ein andermal vorrangig die Bedeutungsfunktion betroffen sein.

Nun wissen wir, daß die Außendinge Auto und Blumenbeet eine ganz unabhängig von uns bestehende „Realität" sind, die auch ohne unseren Spaziergang als dem Kausalgesetz unterliegende Objekte in identischer Weise vorhanden gewesen wären. Ihr Vorhandensein ist zum Zustandekommen unseres Erlebnisses eine unerläßliche Voraussetzung. Nur dadurch konnte das erste vom Objekt zum Subjekt gehende „Glied" unserer Wahrnehmung entstehen. Aber die Existenz dieses ersten Gliedes ist ohne das zweite Glied, welches vom Subjekt zum Objekt geht, nicht denkbar. Überdies hängt nicht nur die Existenz, sondern auch die Art und Ausgestaltung des ersten Gliedes der Wahrnehmung von deren zweitem Glied ab. So wird deutlich, daß die „Zweigliedrigkeit" der Wahrnehmung, wie bereits gesagt, lediglich ein Kunstprodukt unserer Untersuchungsmethode ist, mit der wir den tatsächlich höchst subjektiven, spontanen und finalen Vorgang der Wahrnehmung wie ein kausal determiniertes Objekt untersuchen. Wir erfassen auf diese Weise nur einen „Aspekt" der Wahrnehmung, nicht etwa die Wahrnehmung als solche. Wir brauchen diesen Aspekt aber zur Analyse des psychologischen „Realitätsbezugs".

Der normale Realitätsbezug erfordert, daß ich alle Außendinge, die mir dargeboten werden, differenzieren und integrieren kann. Wenn ich auf dem Spaziergang die Aufmerksamkeit meiner Frau auf das Auto und meine durch dessen Anblick angeregten Überlegungen richte, dann kann sie von ihrem Blumenbeet absehen, nun auch ihrerseits das Auto zur „Figur" werden lassen. Als spontanes Subjekt verfügt sie über die „Freiheit", ihre Aufmerksamkeit auf dieses oder jenes Objekt zu richten, und weil sie an meinen Überlegungen Anteil nehmen „will", vollziehen sich jetzt in ihrem Erleben die gleichen Vorgänge der Differenzierung und Integrierung wie bei mir. Gewiß fallen ihre Erlebensvorgänge dabei in inhaltlicher Hinsicht anders als bei mir aus, sie entsprechen den Inhalten, die in diesem Fragenbereich bereits als Voreinstellung bei ihr verankert sind, die Inhalte werden durch die Individualität ihrer Sichtweise geprägt. Aber in *formaler* Hinsicht, bei der Differenzierung und Integrierung, sind die psychischen Vorgänge ihres Erlebens mit den meinen identisch. In formaler Hinsicht sind ihre Fähigkeiten zum Realitätsbezug ungestört, und sie kann als spontan handelndes Subjekt diesen oder jenen Gebrauch von diesen Fähigkeiten machen. Das Gleiche gilt vice versa für mich, wenn mir meine Frau in der geschilderten Situation ihre Wünsche bezüglich des Blumenbeets nahebringen will.

Der ungestörte Realitätsbezug bedeutet, daß wir für diese oder jene Entscheidung bei den aufgeworfenen Fragen „verantwortungsfähig" sind. Wenn ich ein „Autonarr" sein sollte, bereits 5 Autos habe und trotz fehlender Geldmittel auch dieses Auto kaufen will, dann ändern Inhalt und Stärke der Handlungsmotivation nichts an meinen Fähigkeiten zur Realitätserkenntnis. Ich mache von diesen Fähigkeiten nur keinen oder einen – aus wertender Sicht – unerwünschten, falschen Gebrauch.

Vermutlich liegt aus juristischer Sicht der Einwand nahe, daß bei der vorstehenden Erörterung des Realitätsbezugs lediglich auf die „Einsichtsfähigkeit" abgestellt werde. Die „Steuerungsfähigkeit", die beim „Autonarr" aus affektiven Gründen sehr wohl beeinträchtigt sein könne, bleibe demgegenüber unberücksichtigt. Wollte man diese Überlegung gelten lassen, dann wäre bei jedem Delikt, bei dem mit einer unerlaubten Handlung ansonsten nicht erfüllbare Wünsche befriedigt werden, eine Beeinträchtigung der Steuerungsfähigkeit anzunehmen. Dem Schuldstrafrecht wäre so der Boden entzogen.

Aber es soll hier nicht um „die Rettung des Schuldstrafrechts", sondern um den psychologischen Nachweis gehen, daß auch die affektive Verhaltensdetermination nur dann die Verantwortungsfähigkeit beeinträchtigt, wenn nicht nur normabweichende Inhalte, sondern darüber hinaus eine formale Beeinträchtigung der Differenzierung und/oder Integrierung im Erlebensvorgang vorliegt. Dies soll nachfolgend näher expliziert werden.

Die Begriffe Einsichtsfähigkeit und Steuerungsfähigkeit, die einerseits auf ein „rein kognitives" und andererseits auf ein „rein voluntatives" Element hinweisen, sind Abstraktionen von psychologischen Tatsachen, aber nicht die Tatsachen selbst. Die Verführung ist groß, solche übersichtlichen und klaren Begriffsbildungen, die zur Verständigung über psychologische Sachverhalte auf der abstraktiven Ebene sehr brauchbar sind, wie konkrete psychologische Tatsachen zu behandeln. Das mit einer Handlung verbundene Erleben ist aber nie aus Erkenntnis und nachfolgender Willensbildung „zusammengesetzt", sondern die vorstehend erläuterte Gegenstandsfunktion und Bedeutungsfunktion des Erlebens sind lediglich unterschiedliche Aspekte eines einheitlichen psychologischen Vorgangs.

Eine Analogie dazu findet man in der „Zweigliedrigkeit" der Wahrnehmung, die nur ein theoretisch herausgearbeiteter Aspekt, aber keine psychologische Tatsache ist. Es ist nicht so, daß der „Autonarr" durch die zufällige Wahrnehmung des Autos und dessen kognitive Differenzierung und nachfolgende Integrierung in seine „Narrheit" zu einer sekundär gebildeten, affektiv fehlgesteuerten Willensentscheidung hingeführt wird. Eine solche Betrachtung würde das sog. erste Glied der Wahrnehmung wie eine psychologische Tatsache behandeln. Psychologische Tatsache ist aber, daß der Ausgangspunkt des sog. zweiten Gliedes, seine „Narrheit", bereits Vorbedingung für das Zustandekommen, die Art und die Wirkung der Wahrnehmung „Auto" ist.

So wie die Wahrnehmung ist auch der Realitätsbezug eine psychologische Einheit des objektiv-subjektiven Erlebens. In der Einsicht ist bereits das Wollen und in dem Wollen bereits die Einsicht enthalten. Einsicht setzt Steuerungsfähigkeit und Steuerung setzt Einsichtsfähigkeit voraus. In der juristischen Perspektive fragt Einsichtsfähigkeit nach der Intention in bezug auf das Objekt, Steuerungsfähigkeit nach der Intention in bezug auf das Subjekt. Hat die Gegenstandsfunktion des Erlebens „objektiv richtig" differenziert und hat die Bedeutungsfunktion „subjektiv richtig" integriert, dann ist „richtiger" Realitätsbezug gegeben. So wie richtiges Wissen Einsichtsfähigkeit anzeigt, zeigt einheitlich realitätsorientiertes Handeln Steuerungsfähigkeit an – mag dieses Handeln „gut" oder „böse" sein.

Die Vorstellung, daß hinter dem gesteuerten Handeln noch eine vom Wissen und Handeln unabhängige steuernde Instanz steht, die üblicherweise als „Wille" personifiziert und der damit eine eigenständige Existenz zugeschrieben wird, ist ein mythologisches oder religiöses Relikt in der Vorstellungswelt der Jurisprudenz. Es ist die „Seele", die in den Körper einsteigt, dort wohnt, den Körper dirigiert und am Lebensende aus dem Körper wieder aussteigt, um in den Himmel oder in die Hölle zu fahren. Auch wenn man die Vorstellung von Himmel und Hölle streicht und annimmt, daß die Seele mit dem Körper stirbt, ändert sich am spekulativen, letztlich aus der Mythologie stammenden Charakter dieser Vorstellung nichts Grundsätzliches. Wenn in der Sprache des Juristen gesagt wird: „Der Täter hätte seinen Willen stärker anspannen müssen", dann fragt man sich, ob es dort zwei Willen gibt – einen, der anspannt, und einen, der angespannt wird. Aber eine solche Ausdrucksweise ist auf der abstraktiven Ebene als Verständigungsmittel vertretbar, solange man sich der metaphorischen Bedeutung bewußt bleibt und sich nicht „Wille" als ein tatsächliches, im Gehirn liegendes Ding vorstellt. Dieses (nur ausgedachte) „Willensding" und eine davon ausgehende Steuerungsfähigkeit kann allerdings niemals Thema einer seinswissenschaftlichen psychologischen Untersuchung sein.

Der Autofahrer, der einen Wagen in eine Garage fährt, besitzt „Steuerungsfähigkeit", wenn er die Instrumentierung des

Autos richtig bedienen und den zur Verfügung stehenden Garagenraum, seine Tiefe und den Abstand der Wände, richtig einschätzen kann, also einen ungestörten Realitätsbezug hat. Wenn er nun zielgerichtet gegen die Wand der Garage fährt, vielleicht, weil er den Besitzer des Autos nicht leiden kann, dann hat er von seiner Steuerungsfähigkeit einen falschen Gebrauch gemacht. Wenn er aber gegen die Garagenwand fährt, weil er die Instrumentierung des Autos nicht richtig kannte oder den Wandabstand falsch einschätzte, vielleicht durch eine optische Täuschung oder durch Übermüdung, dann war seine Steuerungsfähigkeit durch einen Mangel an Realitätsbezug beeinträchtigt.

Die Frage, ob der Haß des Autofahrers gegen den Autobesitzer vielleicht so groß war, daß er der Gelegenheit zur Schadenszufügung nicht widerstehen konnte, kann durch psychologisches Wissen nicht beantwortet werden. Über die so verstandene Steuerungsfähigkeit kann nur durch eine psychologisch-juristische Wertung entschieden werden. Der psychologische Sachverständige kann durch einen Wissensbeitrag aus seinem Kompetenzbereich die Wertung vielleicht erleichtern, er kann sie aber nicht durch Wissen ersetzen.

War die Steuerungsfähigkeit aber durch einen Mangel an Realitätsbezug beeinträchtigt, dann kann sie Gegenstand medizinischer, neurologischer, psychologischer oder psychopathologischer Untersuchung sein. Hier interessiert nur die durch eine psychologisch-psychiatrische, also psychopathologische Störung bedingte Beeinträchtigung des Realitätsbezugs. Beispielsweise kann die Gegenstandsfunktion des Erlebens durch einen Schwachsinn oder durch eine Demenz beeinträchtigt gewesen und dadurch die Differenzierung der Instrumentierung des Autos und der Garage mißlungen sein. Oder es kann die Bedeutungsfunktion des Erlebens durch einen Wahn beeinträchtigt gewesen sein, der Autobesitzer für einen getarnten Teufel, das Auto für ein Höllenfahrzeug und die Garage für die Hölle gehalten worden sein.

Die rechtlich bedeutsame psychopathologische Beeinträchtigung des Realitätsbezugs betrifft die Gegenstands- und die Bedeutungsfunktion des Erlebens immer gleichzeitig, jedoch lassen sich nach dem Ausgangs- und Schwerpunkt der Störung verschiedene Störmodalitäten unterscheiden. Aus der juristischen Perspektive geht es bei der mangelhaften Gegenstandsfunktion des Schwachsinnigen und Dementen vornehmlich um ein Problem der Einsichtsfähigkeit. Psychopathologisch ist beim Schwachsinnigen eine von vornherein unzureichende Persönlichkeitsentwicklung, beim Dementen ein Abbau einer zuvor normal entwickelten Persönlichkeit festzustellen. Der Mangel an „Verstand", an rationaler Differenzierungsfähigkeit, erscheint bei beiden Fällen das führende psychopathologische Kennzeichen. In dem gleichgewichtigen System des Erlebens führt aber der Mangel der Gegenstandsfunktion zwangsläufig auch zu einem Mangel der Bedeutungsfunktion. Insofern ist die Steuerungsfähigkeit stets mitbetroffen, und die alleinige Fixierung auf die Einschränkung der Einsichtsfähigkeit wird dem tatsächlichen psychologischen Sachverhalt nicht gerecht. Das gleiche gilt vice versa für den Wahn des Geisteskranken. Er kann die Gegenstände Auto und Garage richtig erkennen und benennen, aber sie haben für ihn eine irreale Bedeutung. Die schwere Störung der Bedeutungsfunktion schlägt sozusagen auf die Gegenstandsfunktion zurück, letztlich sind Steuerungs- und Einsichtsfähigkeit in nicht mehr unterscheidbarer Weise beide betroffen.

Versucht man die systematische Auffassung der Psychologie mit den Prinzipien der Gegenstandsfunktion und der Bedeutungsfunktion in eine konkrete, „handliche" Vorstellung umzusetzen, dann findet man im Grenzbereich der Einheit des Erlebens auf der einen Seite das Objekt und auf der anderen Seite das Subjekt. Objekt und Subjekt sind dabei nicht als „Gegenstände", sondern als Funktionsbereiche gedacht, die sich in mehrfacher Hinsicht grundsätzlich unterscheiden: „Objekt" ist das in Vielfalt erscheinende Regelmäßige, Gleichbleibende, welches dem Kausalgesetz folgt und sich spontan nicht ändert. „Subjekt" ist auf das Objekt gerichtete kontinuierliche Spontaneität, welche die Vielfalt des Gleichbleibenden bedeutungsmäßig vereinheitlicht. Durch die einheitsstiftende Aktivität des Subjekts entstehen „objektive" Gegenstände und Begriffe. Durch den Wechsel der Objekte wird die Einheit des Subjekts veränderlich, wechseln die Bedeutungen, entstehen „subjektive" Meinungen, gibt es trotz Kontinuität und Stabilität in langfristigem Wandel „Entwicklungen der Persönlichkeit".

Die soziokulturelle Gemeinsamkeit der Gesellschaft besteht aus der rahmenhaft übereinstimmenden subjektiven Bedeutungsfunktion der zu ihr gehörigen Personen. Sie findet ihren höchsten Ausdruck in der gemeinsamen Sprache, die richtig Differenziertes bedeutungsmäßig übereinstimmend vereinheitlicht. So kann über das Mittel der Sprache (natürlich über nationale Sprachgrenzen hinweg) der „richtige" Realitätsbezug erkannt werden. Der richtige Realitätsbezug stiftet im Verhalten und in der Sprache den „Sinn", der inhaltlich nur als „Sinnorm", formal als „Sinngesetzlichkeit" definiert werden kann. Verlust des Realitätsbezugs zerstört die Sinngesetzlichkeit.

Die Pathologie des Erlebens (= Psychopathologie) kann systematisch an den Defizienzen der Gegenstandsfunktion und der Bedeutungsfunktion untersucht werden. Diese beiden Prinzipien begründen, daß es nicht nur im normalen, sondern auch im pathologischen Erleben nur eine begrenzte Anzahl von Störmodalitäten gibt. Damit steht die strukturale Psychopathologie in Widerspruch zu der in der traditionellen Psychiatrie vertretenen Meinung, daß die Somatose eine x-beliebige Zahl von sinn- und regellosen psychischen Erscheinungen produziert. Für das System der begrenzten und gleichzeitig vollständigen Zahl psychischer Störungen gibt es folgende Ordnungskriterien:

Es geht erstens um die Frage, ob primär die *Gegenstandsfunktion oder die Bedeutungsfunktion* betroffen ist. Schwachsinn und Demenz zeigen ein primäres Betroffensein der Gegenstandsfunktion, Psychopathie und Psychose der Bedeutungsfunktion.

Es geht zweitens um die Frage, ob die Defizienz schon bei *Beginn der Persönlichkeitsentwicklung* vorlag und dadurch den ganzen Lebenslauf umgreift – wie bei Schwachsinn und Psychopathie – oder ob die Defizienz erst *nach Abschluß der Persönlichkeitsentwicklung* als akute und reversible oder als chronische und fortschreitende Störung eingetreten ist. Eine akute und reversible Störung mit vorwiegendem Betroffensein der Gegenstandsfunktion ist der „akute exogene Reaktionstyp", mit vorwiegendem Betroffensein der Bedeutungsfunktion die akute endogene Psychose. Bei chronisch fortschreitendem Verlauf führt der exogene Reaktionstyp über akut psychotische Episoden hinweg zum Persönlichkeitsabbau, die endogene Psychose zum Persönlichkeitszerfall. „Abbau" ist das Kennzeichen des vorrangigen Betroffenseins der Gegenstandsfunktion, „Zerfall" das des vorrangigen Betroffenseins der Bedeutungsfunktion. (Die Differenzierung verwischend, werden relativ fixierte und stabilisierte Zustände von Abbau und Zerfall auch „Persönlichkeitsdefekt" genannt.)

Es geht drittens um die Frage der *Quantität und Intensität* der Störung. Bei den schon vor Beginn der Persönlichkeitsentwicklung determinierten Dauerzuständen Schwachsinn und Psychopathie kann die Quantität und Qualität der Störung durch psychologische Testmethoden, durch Lebenslaufanalysen und Tatsituationsanalysen ermittelt werden.

Bei den erst nach der Persönlichkeitsentwicklung eingetretenen chronisch-progredienten und bei den im Prozeßverlauf relativ fixierten und stabilisierten Störungsmodalitäten – chronisch dementielle Abbauprozesse und chronisch psychotische Zerfallsprozesse – stehen grundsätzlich die gleichen Untersuchungsmethoden zur Verfügung, jedoch ist die Brauchbarkeit psychologischer Testverfahren stärker reduziert. Statt dessen erhält der Nachweis sog. „produktiver" psychotischer Symptome, wie sie insbesondere bei den Zerfallsprozessen, aber auch in geringerem Umfang bei den Abbauprozessen auftreten können, hohe Bedeutung.

Bei den akuten und reversiblen Störungen geht es nur noch um psychotische Symptomatik, die in der skalaren Ordnung einer Folge von Syndromstufen erfaßt werden kann: In fortlaufender Steigerung kann man „neurasthenische", dann „affektive", dann „paranoid-halluzinatorische", dann „delirante" Syndrome unterscheiden. Bei weiterer Steigerung erlöscht das Erleben schließlich im Koma.

Gegenstands- und Bedeutungsfunktion sind bei den hochakuten Störungsbildern stets gleichzeitig betroffen, lassen aber bei genauerer Untersuchung oft doch noch Unterschiede erkennen. Beispielsweise zeigen die „affektiven Syndrome" beim vorrangigen Betroffensein der Gegenstandsfunktion reizbare oder weinerliche Verstimmung in Verbindung mit Urteilsschwäche, beim vorrangigen Betroffensein der Bedeutungsfunktion eine manische oder depressive Verstimmung von der Art, wie sie für die Zyklothymie typisch ist. Je akuter und intensiver die Störung ist, desto schwieriger werden derartige Unterscheidungen. Ein „globaler" Funktionsverlust liegt schließlich bei den Endstufen der Syndromreihe – Somnolenz, Sopor und Koma – vor.

Die sog. produktiven Symptome, Wahn und Halluzination, sind die durch ihre „Verrücktheit" herausragenden Kennzeichen der Psychosen. Nach solchen Symptomen braucht man nicht lange zu suchen, sie werden für die Umwelt schnell augenfällig. Es sind die Erscheinungen psychischer Störung, die dem Laien den Verlust des Realitätsbezugs des Kranken unmittelbar evident werden lassen.

Der Verlust des Realitätsbezugs geht aber diesen produktiven Symptomen bereits als eine primäre psychische Veränderung voran, die u. U. zunächst unbeachtet bleibt, sehr wohl aber durch psychiatrische Untersuchung aufgedeckt werden kann. Eine Aufgabe des forensischen Psychiaters! Wahn und Halluzination sind sekundäre Erscheinungen, die vom Subjekt ausgehend – vergeblich – zur Kompensation der primären Störung eingesetzt werden.

Am Beispiel der Wahrnehmung läßt sich klarmachen, daß bei der Halluzination das erste „Glied", welches vom Gegenstand zum Subjekt geht, überhaupt fehlt. Es gibt nur das zweite „Glied", welches vom Subjekt ausgehend einen (real nicht vorhandenen) Gegenstand in die Umwelt projiziert. Bei oberflächlicher Betrachtung könnte man annehmen, daß hier die „Gegenstandsfunktion" ausfällt. Dies ist indessen falsch, denn die real vorhandenen Gegenstände werden vom Psychotiker richtig erkannt und differenziert. Es ist die Insuffizienz der „Bedeutungsfunktion", die dazu führt, daß die richtig differenzierten Gegenstände eine „abnorme Bedeutung" erhalten. Die rote Mütze des Bahnhofvorstands ist ein eindeutiges Zeichen des drohenden Weltuntergangs (Beispiel von K. Schneider); die Schaumspur auf der rosafarbenen Seife LUX bedeutet für den Kranken unabänderlich den Tod (Beispiel von Luthe). Der wesentliche Unterschied zwischen diesem psychotischen und dem gesunden Erleben besteht darin, daß die interindividuell einheitlich gegebene formale Bedeutungsfunktion des Erlebens zerfallen ist. Beim Gesunden versteht sich von selbst, daß er sich bei der Wahrnehmung das Gegenständliche der Welt mit einer Bedeutungsfunktion aneignet, die mit der rationalen und affektiven Geschlossenheit und Vereinheitlichung der Ergebnisse seines bisherigen Bedeutungserlebens nicht in Widerspruch tritt. Der Psychotiker kann diese konstruktive Leistung des Bedeutungserlebens nicht mehr erbringen, er hat keinen eigenen Standpunkt mehr. Die Sicherheit, daß *er* es ist, der erlebt, ist verlorengegangen. Halluzinationen sind sekundäre Reaktionen, quasi von Fall zu Fall wechselnde Improvisationen, um das normalpsychologisch nicht nachvollziehbare Erlebnis der primären Veränderung der Bedeutungsfunktion zu kompensieren.

Verdeutlichen läßt sich diese Art psychopathologischer Störung am Beispiel des Unterschieds von Wahn und Irrtum. Bei der üblichen Unterscheidung von Wahn und Irrtum wird darauf Bezug genommen, daß Wahn dauerhaft, Irrtum aber korrigierbar sei. Irrtum entsteht dadurch, daß der Gegenstand des Irrens mit einer falschen Deutung integriert wird. Dieses Erlebnis wird nicht etwa ausradiert, es bleibt in der Erinnerung unverändert bestehen. Der Gesunde ist aber in der Lage, sein Bedeutungserleben im Weiterschreiten durch neue Situationen und Informationen *einheitlich* zu halten. Die Korrektur des Irrtums erfolgt dann dadurch, daß aus dem bisher falschen Gebrauch des intakten Bedeutungserlebens nunmehr ein richtiger Gebrauch gemacht wird. Der Irrtum ist lediglich eine *inhaltliche* Fehlleistung der Bedeutungsfunktion, eine inhaltlich falsche Apperzeption. Der Wahn ist demgegenüber eine „formale" Fehlleistung, die nicht durch die falsche Deutung eines Inhalts, sondern durch die Störung oder Zerstörung der Einheitlichkeit der Deutungsfähigkeit an sich zustandekommt. Neue Situationen und neue Informationen können an diesem Mangel nichts ändern, und deshalb ist der Wahn dauerhaft.

Im psychotherapeutischen Gespräch kann Wahn manchmal passager dadurch korrigiert werden, daß der Kranke sich die Bedeutungsfunktion des Therapeuten „ausleiht" und dadurch den festen Standpunkt gewinnt, der ihm allein auf sich gestellt fehlt. In der Gerichtsverhandlung kann man erleben, daß ein Schizophrener bei der Befragung durch den Richter einen völlig unauffälligen Eindruck macht, weil es ihm gelingt, indirekt über die intakte Gegenstandsfunktion seines Erlebens, die fehlende Bedeutung aus dem kommunikativen Beitrag des Fragenden zu entnehmen.

Trotz möglicherweise erheblicher Defizienzen der Gegenstands- und der Bedeutungsfunktion gibt es beim Schwachsinnigen und beim Psychopathen in der Regel keine Wahnbildung und keine Halluzinationen. Das ist leicht mit dem Umstand zu erklären, daß die gesamte Persönlichkeitsentwicklung mit diesen Defizienzen verlaufen ist und dadurch dieser Mangel nie erlebt wurde. Um ihn überhaupt erleben zu können, hätte irgendwann einmal das Strukturierungsniveau normaler Gegenstands- und Bedeutungsfunktion bestehen müssen. Für einen Mangel, der nicht erlebt wird, besteht auch kein Kompensationsbedürfnis.

So sehr Wahn und Halluzination eindeutiger Hinweis auf den Verlust des Realitätsbezugs sind, kann ein solcher auch beim völligen Fehlen dieser psychotischen Symptome vorliegen. Beim Schwachsinn ist dies für jedermann offenbar, weil der Mangel der Gegenstandsfunktion leicht erkannt und innerhalb bestimmter Grenzen sogar quantifizierend erfaßt werden kann. Weit schwieriger ist dies im Bereich der Psychopathie, im Bereich „symptomarmer" chronischer Psychosen und Persönlichkeitsdefekte. Das System der strukturalen Psychopathologie zeigt aber hier eine bisher unbeachtete Möglichkeit des Erkenntnisgewinns.

Abschließend sei nochmals vermerkt, daß die vorstehende, sehr kurz gefaßte Darstellung der strukturalen Psychopathologie nur eine Einführung in die Methodik geben kann.

6 Zusammenfassung und Ausblick

Die fortschreitende Tendenz, im Strafverfahren die Handlungsmotive eines Täters zu klären und zu verstehen, hat in der Gegenwart zu einer sehr begrüßenswerten Humanisierung des Strafrechts beigetragen und ist teilweise wohl auch deren Folge. Der psychologisch-psychiatrisch Sachverständige, der die Schuldfähigkeit beurteilen soll, ist aber durch diese Entwicklung zunehmend in die Rolle eines Richters gedrängt worden. Viele Juristen und Psychiater sind wie die Allgemeinbevölkerung der Auffassung, daß die Untersuchung durch den Sachverständigen vor allem dazu dienen soll, festzustellen, warum die Tat begangen wurde. Sie meinen, daß Schuldunfähigkeit dann durch die Abwägung der guten und schlechten Gründe wie vom Zeiger einer großen Waage auf einer moralischen Skala angezeigt werde. Wenn der Sachverständige dann darauf hinweist, daß die Geisteskrankheit, die Schuldunfähigkeit bewirkt, moralisch völlig indifferent ist und der Ausschluß der Schuldfähigkeit für gute und schlechte Gründe gleichermaßen gilt, begegnet er oft Verständnislosigkeit. Motive einer Tat sind als individuell wechselnde psychische *Inhalte* Gegenstand für eine Bewertung der Schuld, nicht der Schuldfähigkeit. Schuldfähigkeit kann nur durch überindividuell einheitliche *Formen* einer Störung des Erlebens beeinträchtigt oder ausgeschlossen werden. Es ist sozusagen nicht der *Gegenstand* des Erlebens, sondern der *Vorgang des Erlebens selbst* gestört. Nur unter diesen Voraussetzungen werden die Fähigkeiten zur Einsicht und zur Willensbildung in überindividueller Gesetzmäßigkeit eingeschränkt oder aufgehoben, und zwar, weil infolge der Erlebensstörung der Bezug zur Realität der uns allen gemeinsamen Welt nicht oder nur eingeschränkt hergestellt werden kann.

Zusammenfassung und Ausblick

Die nosologische Psychiatrie hat mit ihrem Krankheitskonzept einen Erkenntnisgewinn gebracht, der in der forensischen Psychiatrie für die Feststellung und Begründung eines formal psychopathologisch bedingten Ausschlusses der Schuldfähigkeit eingesetzt werden kann. Die Untersuchung der psychischen Inhalte dient dabei nur dem abstraktiven Nachweis von Krankheit. Die forensische Psychiatrie wurde aber gleichzeitig mit dem unangemessenen Einsatz der nur in der Behandlungspsychiatrie notwendigen und bewährten dualistischen, somatopsychischen Hypothese auf Abwege geführt, die bis heute nur unzureichend korrigiert sind. In dem Bestreben, diesem Mangel zu begegnen, haben sich die Sachverständigen mit ihren psychologischen Motivationsanalysen zunehmend in den Bereich moralisch-rechtlicher Bewertungen begeben und nicht mehr nur auf den Nachweis oder Ausschluß von Krankheit beschränkt.

Die Psychoanalyse und andere Konzepte der sog. Tiefenpsychologie kommen dem Bedürfnis nach Motivationsanalysen zwar besonders entgegen, weil ihre Methode sich ausschließlich mit den psychischen Inhalten befaßt und aus deren wechselseitiger dynamischer Wirkung die Entstehung der psychischen Störungen erklären will. Die Möglichkeit einer von den psychischen Inhalten unabhängigen, formalen Genese der psychischen Störungen kommt dadurch aber überhaupt nicht mehr ins Blickfeld. Die maßgeblich von der subjektiven Einstellung des Untersuchers und der Mitarbeit des Untersuchten abhängige Variation der Motivationsdeutungen, die in der intendierten Psychotherapie unschädlich oder sogar notwendig ist, macht deshalb die Tiefenpsychologie für die juristisch gefragte Beurteilung der Schuldfähigkeit unbrauchbar. Es fehlt die juristisch notwendige Möglichkeit der Generalisierung und interindividuellen Vergleichbarkeit der gewonnenen Erkenntnisse. Darüber hinaus tendiert die Tiefenpsychologie mit der Verabsolutierung der inhaltlichen Verhaltensdetermination zur generellen Exkulpation, die mit dem System des Strafrechts nicht vereinbar ist.

Die „neue" Psychiatrie, die mit quantifizierenden und operationalen Methoden arbeitet und die psychiatrischen Diagnosen mit Ein- und Ausschlußkriterien – wie im DSM III – festlegt, bringt in der forensischen Psychiatrie für die biographische und kriminologische Dokumentation Vorteile. Zum zentralen Thema der forensischen Psychiatrie, der Beurteilung der Verantwortungsfähigkeit, bietet sie lediglich eine elementaristische Zerstückelung der Einheit Psyche in einer Art Datenfriedhof. Ein „psychopathologisches Referenzsystem" (Saß) und die „Verschmelzung der Zielkriterien mit phänomenologischen Begriffen" (Rösler) – Verfahren, welche die elementaristische Zerstückelung durch ganzheitlich ausgerichtete Situationsanalysen überwinden und auf diese Weise das zu beurteilende Verhalten in einen übergeordneten psychopathologischen Zusammenhang stellen wollen – gewinnen ihre forensische Brauchbarkeit vor allem dadurch, daß sie sich von der „neuen" Psychiatrie mehr oder weniger absetzen. So ist von der „neuen" Psychiatrie letztlich kein Erkenntnisgewinn für die forensische Psychiatrie zu erwarten.

Jaspers hat wohl als erster Kants Gedanken, daß sich eine Methode nach dem Gegenstand richten muß, auf den sie angewandt werden soll, in die Psychiatrie eingeführt. Die Konsequenzen die danach angesichts der unterschiedlichen Gegenstände der „Behandlungspsychiatrie" und der „forensischen Psychiatrie" zu ziehen sind, wurden bisher kaum beachtet. Erste Versuche, mit Hilfe einer von der psychosomatischen Hypothese gelösten psychiatrischen Syndromlehre die in der forensischen Psychiatrie gefragte Beeinträchtigung der Verantwortungsfähigkeit über die evidente Einschränkung des Realitätsbezugs zu beantworten, fanden wenig Beachtung. Diese Methode faßte auch nur einen Ausschnitt der psychopathologischen Störungen ins Auge und blieb dem Gegenstand auch insoweit noch methodologisch unangemessen, als der Mensch nur als (passives) Objekt und noch nicht als spontan handelndes Subjekt betrachtet wurde. Diese methodisch-methodologischen Mängel können mit dem strukturalen System der Psychopathologie überwunden werden, und es eröffnet sich so ein erfolgversprechender Weg für die weitere Entwicklung der forensischen Psychiatrie. Mit den Prinzipien der Gegenstandsfunktion und der Bedeutungsfunktion des Erlebens lassen sich *alle* psychopathologischen Störmodalitäten untersuchen und systematisch einordnen. Die in rund 2 Jahrhunderten gesammelten empirischen Kenntnisse der nosologischen, der syndromatischen und der psychodynamischen Psychiatrie werden damit nicht etwa überflüssig, sondern sind das unverzichtbare Material, das nun unter einem der forensischen Psychiatrie angemessenen, einheitlichen Aspekt untersucht werden kann. Die Untersuchung von psychischen Inhalten jeder Art, von Motivationen und Verhaltensweisen, bleibt moralisch völlig indifferent. Es kommt nicht auf eine Wertung der Inhalte des Erlebens an, auch nicht im Sinne von mehr oder minder großen Abweichungen von einer Durchschnittsnorm, auch nicht im Sinne von einer mehr oder minder „unwiderstehlichen" dynamischen Wirkung. Mit den Inhalten und über die Inhalte hinweg kommt es auf den mittelbaren Nachweis einer Störung des Erlebensvorgangs selbst an, der als formales Kriterium von allen inhaltlichen individuellen Besonderheiten des jeweiligen Falles abstrahiert.

Die dem spontan handelnden Subjekt zu unterstellende „Freiheit" (vgl. Anm. 9, S. 33) kann durch den psychopathologischen Nachweis einer solchen Störung und des damit verbundenen Verlustes des Realitätsbezugs *falsifiziert* werden. Das Vorliegen dieses Sachverhalts war bisher beim Nachweis produktiv psychotischer Phänomene, wie Wahn und Halluzination, für jedermann evident. Unter dem Einsatz der strukturalen Psychopathologie kann jetzt unabhängig vom Nachweis solcher „positiver" psychotischer Phänomene auch die „negative" psychische Grundstörung, welche primär die Ursache für den Verlust des Realitätsbezugs ist, in besonders deutlicher Weise einsichtig gemacht werden. Darüber hinaus gestattet die an den Kriterien der Gegenstandsfunktion und der

Bedeutungsfunktion des Erlebens orientierte Untersuchung eine Absicherung der psychodiagnostischen Beurteilung, die durch den formalen Charakter der Aussage eine intersubjektive, überindividuelle Gültigkeit beanspruchen kann. Obgleich die Beeinträchtigung des Realitätsbezugs in der überzeugenden Theorie mit quantitativer Abstufung von der leichten über die erhebliche Einschränkung bis zum Ausschluß reicht, sieht der Autor bisher darin keine Möglichkeit, dem juristischen Bedürfnis nach einer Unterscheidung nach unerheblicher, erheblicher und ausgeschlossener Schuldfähigkeit im Strafrecht mit wissenschaftlicher Verbindlichkeit zu entsprechen. Über das Maß der Normabweichung, das hier entscheidend sein soll, müßte eine „juristisch-psychiatrische Konvention" geschaffen werden, die - abgesehen von allen anderen Schwierigkeiten - allein auf Grund der Fragwürdigkeit aller Quantifizierungen, die im Bereich des Psychischen vorgenommen werden, gleichfalls fragwürdig bleiben müßte. Auch bei bester psychiatrischer Sachkenntnis und Untersuchung – meint der Autor – kann es nur um ein Ja oder Nein bei der Falsifizierung der Verantwortungsfähigkeit gehen. Gewiß kann der psychiatrische Sachverständige seine quantifizierende Meinung über die rechtliche Bedeutung der Einschränkung des Realitätsbezugs zum Ausdruck bringen. Aber eine dem Einzelfall angemessene Zuerkennung erheblich verminderter Schuldfähigkeit durch einen richterlichen Akt der Zumutbarkeit des Andershandelnkönnens kann dadurch nicht ersetzt werden.

Der Sachverständige trägt mit der Beschränkung auf ein Ja oder Nein zur Verantwortungsfähigkeit auch der juristischen Auffassung Rechnung, daß verminderte Schuldfähigkeit nicht ein „Zwischending" zwischen Schuldunfähigkeit und Schuldfähigkeit ist. Die verminderte Schuldfähigkeit des §21 StGB ist ein Unterfall der Schuldfähigkeit. Verminderte Schuldfähigkeit bedeutet eine Verminderung der Schuld, die auf eine besondere Bedingung, nämlich eine psychische Störung des Täters, zurückzuführen ist. Über das Maß der Schuld entscheidet aber stets eine rechtliche Wertung, die aus guten Gründen dem Richter vorbehalten ist. Grundlage dieser Wertung ist nämlich nicht nur die wertfrei zu beurteilende Einschränkung des Realitätsbezugs des Täters, sondern generalpräventive und spezialpräventive Überlegungen sowie die im Gesetzestext verankerten und vielleicht auch durch den Zeitgeist modifizierte kulturell-soziale Wertvorstellungen gehen in die juristische Entscheidung ein.

Bei der Zuerkennung verminderter Schuldfähigkeit hat der Sachverständige also nur einen – oft überschätzten und tatsächlich meist wenig gewichtigen – Teilaspekt des Sachverhalts zu klären. Er hat die für das Verhalten des Täters bedeutsame Einschränkung des Realitätsbezugs, die durch eine psychische Störung bedingt ist, zu verdeutlichen. Die Methodik der strukturalen Psychopathologie trägt dazu bei, daß diese Verdeutlichung möglichst objektiv-tatsachenbezogen erfolgen kann und dem Einbringen subjektiven Gutdünkens enge Grenzen gesetzt werden.

Demgegenüber kann der Sachverständige beim Ausschluß der Schuldfähigkeit de facto die Rechtsentscheidung übernehmen, weil für irgendwelche Schuld und deren rechtliche Bewertung kein Raum mehr bleibt. Präventive Überlegungen kommen nur noch im maßregelrechtlichen Sinne zum Tragen.

Es gibt also durchaus Wege für wissenschaftlichen Fortschritt und eine Objektivierung der gutachtlichen Aussagen in der forensischen Psychiatrie, wenn *den Fragestellungen angemessene Methoden* eingesetzt werden.